Ser y tiempo (Heidegger) y *Mar adentro* (Amenábar). Dos aproximaciones a la muerte

Montserrat Cobo Vizcaíno

Bachelor's Thesis

[July 2023]

Universidad Internacional de la Rioja

Supervisor: Elena Álvarez Álvarez

Faber & Sapiens

Ser y tiempo (Heidegger) y *Mar adentro* (Amenábar). Dos aproximaciones a la muerte

MONTSERRAT COBO VIZCAÍNO

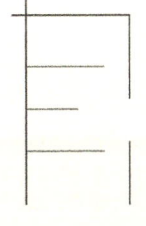

Ápeiron Ediciones

First Edition by Faber & Sapiens,
an imprint of Ápeiron Ediciones,
in 2024

© Faber & Sapiens
© Ápeiron Ediciones
C/ Príncipe de Vergara, n.º 132, planta 9
28002 Madrid
Tfno. (+34) 637 10 99 20
E-mail: info@faberandsapiens.com
http: www.faberandsapiens.com

Design and layout: Ápeiron Ediciones

ISBN: 978-84-128198-4-7
DL: M-2285-2024

Contents

1.- INTRODUCCIÓN

Desde los inicios de su existencia, el hombre se ha preguntado constantemente por el sentido de la vida y de la muerte. Esta cuestión ha sido reiteradamente pensada por la filosofía y por las diferentes religiones, y sigue siendo una cuestión abierta. El ser humano necesita encontrar el sentido de su vida, ya que, durante ella, se encuentra con duras dificultades como pueden ser enfermedades incapacitantes, o, simplemente, el paso del tiempo y la llegada a la vejez. Son situaciones difíciles que generan angustia y desesperación y en las que el ser humano puede llegar a sentirse desamparado. El sufrimiento sigue siendo un misterio.

Desde la última década del siglo XX se han alzado diferentes voces a favor de lo que se llama el derecho a una muerte digna, o el suicidio asistido, cuando una persona lo solicita y está en su sano juicio. Pero esta cuestión genera dudas de carácter ético y moral. Es por eso que no todos los países han legislado esta cuestión en la misma dirección. Pero ¿qué es exactamente una muerte digna? ¿Hay alguna vida o alguna muerte indigna? ¿Qué vida no es digna de ser vivida?

1.1. Exposición de tema

Este trabajo reflexiona sobre la vejez, el dolor, la angustia y la muerte a partir de la obra *Ser y tiempo* (1927) de Martin Heidegger, confrontando su pensamiento con la obra cinematográfica *Mar adentro* (2004) de Alejandro Amenábar.

Martin Heidegger (1889-1976) fue un filósofo alemán discípulo de Husserl y profesor de la Universidad de Friburgo. También fue rector de la misma durante algún tiempo. Autor de estudios como La *doctrina del juicio en el psicologismo* (1914) y de *El concepto de tiempo en la ciencia histórica* (1916), en 1927 publicó su proyecto más influyente y radical: *Ser y Tiempo,* obra objeto de este estudio.

En *Ser y Tiempo,* Heidegger pone la mirada en la metafísica y se pregunta por el sentido del ser. En él define las dos categorías del ser: el ser y el uno. Y también se centra en el concepto de *Dasein,* el "ser-en-el-mundo", es decir, el ser humano en todo su contexto, el desvelamiento (*Areté*) y el conocimiento de la verdad como un proceso, un camino. El "ser-en-el-mundo" implica el ser con otros, la convivencia con los demás. La condición social del ser humano y su relación con el resto de cosas y personas fundamenta el cuidado: cuidarse y cuidar. Para Heidegger, el cuidado es un elemento constitutivo del ser propio del hombre. Definirá al hombre como el único ser consciente de su propia finitud, de su angustia, y de su responsabilidad ante su situación pasajera en este mundo. La existencia auténtica del hombre pasa por trascender y anticipar y, en definitiva, vivir para la muerte. El vivir para la muerte consiste en la comprensión de la imposibilidad.

Heidegger abrió la puerta al existencialismo, aunque negó explícitamente ser un existencialista, debido a las implicaciones políticas que Sartre imprimió al existencialismo con la incorporación de la influencia marxista que vio en todo contraposición y lucha.

Mar adentro es el cuarto largometraje dirigido por Alejandro Amenábar (Chile, 1972). Compositor, guionista y director de cine, Amenábar empezó su carrera cinematográfica cuando dejó sus estudios de periodismo. Realizó cuatro cortometrajes hasta que dio el salto al largometraje con *Tesis* (1996). El por entonces joven director, fue premiado con siete Goyas y tuvo gran aceptación de la crítica internacional. Posteriormente realizó y dirigió las películas *Abre los ojos* (1997) y *Los otros* (2001), ambas también muy premiadas, hasta que en el 2004 salió a la luz *Mar adentro,* reconocida con catorce Goyas y el Oscar a la mejor película de habla no inglesa. Es la película que se va a analizar en este trabajo.

Protagonizada por Javier Bardem, *Mar adentro* narra la vida del tetrapléjico Ramón Sampedro (1943-1998), quien estuvo postrado durante casi treinta años en una cama a causa de un accidente en su juventud. Sampedro abrió el debate de la eutanasia en España. El protagonista reclama lo que llama una muerte digna, y durante toda la cinta va desgranando sus argumentos, enfrentándose a su familia y a su entorno, así como reclamando un marco legal que le permita recibir asistencia para acabar con su vida. La película se centra en el derecho a decidir la propia muerte, y en el sufrimiento del enfermo y de su entorno. Queda patente también la importancia del cuidado.

En ambos casos, tanto Heidegger como Amenábar se centran en uno de los momentos más importantes de la vida del ser humano: el final de la vida y la muerte. Pero cada uno lo hace desde una perspectiva diferente, poniendo la mirada en distintas cuestiones, lo que hace que cada uno llegue a conclusiones muy alejadas del otro.

1.2. Justificación del tema

Tanto Martin Heidegger como Alejandro Amenábar han sabido repensar la muerte, cada uno desde su perspectiva. El primero, como pensador y filósofo, intentó entender el mundo tal y como es, buscando la verdad de una manera rigurosa. Heidegger, a partir de la *Metafísica* de Aristóteles, reivindicó el dinamismo y la temporalidad como características esenciales del ser, criticó cierta "cosificación" implícita en el concepto de sustancia y se centró en el sujeto, introduciendo conceptos que han aportado algo más de humanidad, ya que han permitido repensar al ser humano, su existencia, su paso por el mundo y su manera concreta de estar en él y de relacionarse y, sobre todo, la importancia del cuidado. En Alejandro Amenábar destaca su capacidad de sintetizar lo cotidiano y adentrarse en temas de mucho peso en unos pocos diálogos.

Es un narrador muy hábil en dirigir al público hacia donde él quiere, captando la atención del espectador desde el primer minuto y, en muchos casos, en vez de señalar algo como correcto, muestra su punto de vista, con lo que consigue conducir al espectador para que él llegue a las conclusiones oportunas.

1.2.1. Filosofar. Esta es la cuestión

Estamos en una sociedad donde la importancia de la filosofía como ciencia no parece evidente. En muchos casos se desprecia y se relega, frente al resto de ciencias. Pero la filosofía importa. Es la ciencia primera. Ya en la antigüedad encontramos grandes pensadores que intentaron entender el mundo y encontrar la verdad. La filosofía es teoría en su máximo exponente. Se puede considerar como actividad perfecta porque, a diferencia de otras ciencias, la filosofía se hace la pregunta más radical, ya que se pregunta por el ser y busca la verdad. Pero al no ser una ciencia empírica, a la filosofía le es difícil aclarar su objeto formal en el contexto contemporáneo, marcado por el cientifismo y el pragmatismo. La filosofía es el modo más perfecto de conocer. Y este conocimiento es fruto de la admiración. El conocimiento que se adquiere con la filosofía tiene valor intrínseco propio. Es el amor a la sabiduría: el propio conocimiento es el resultado.

Lo que pasa es que, a diferencia del resto de ciencias, la filosofía no tiene una utilidad práctica en la vida individual o de la sociedad. Y encuentra verdades que, de por sí, no son ni evidentes ni cuantificables. El resto de ciencias toma como verdadero el conocimiento que se presenta como evidente, aunque la evidencia absoluta no exista. Además, su resultado es útil a la sociedad. El resto de ciencias utiliza la magnitud como parámetro y de ellas se extrae técnica, progreso. Un progreso que permite a la sociedad avanzar en determinadas materias que afectan directamente a la vida del ser humano, como, por ejemplo, la medicina, la física o la química. Las ciencias empíricas usan un lenguaje matemático y cuantifican el resultado. Pero la filosofía es la ciencia de la sabiduría. Abre horizontes nuevos, y habitualmente, aporta más preguntas que respuestas.

Es importante tener en cuenta la relación temporal que existe entre el hombre y el conocimiento. La filosofía es como un camino que debe realizar cada ser humano para alcanzar la sabiduría. Nadie nace sabio. Es un camino personal. Pero, en definitiva, se trata de un camino, porque requiere de la observación, de la contemplación y de la admiración. Y muestra también que la sabiduría no puede ser absoluta, sino parcial. Tanto la sabiduría como su objeto formal, la verdad, son inabarcables. La verdad se conoce de manera parcial. Y al filósofo lo podríamos definir como alguien que hace de la filosofía su modo de vida. Por lo tanto, todo ser humano con inquietudes por conocer la verdad es un filósofo, o un poco filósofo. Y la vida es un camino, o el camino para desvelar la verdad. Porque el conocimiento requiere tiempo, tiempo para cuestionar, tiempo para observar, tiempo para deliberar y tiempo para admirar.

Pero ¿para qué sirve la filosofía en la vida real? ¿Es importante filosofar? Pues sí, porque la filosofía aumenta nuestra comprensión del mundo y abarca todo lo que nos preocupa: «la justificación de las creencias, los cimientos de la moral, los criterios del gusto, la existencia religiosa, el valor (o falta de valor) de la vida humana, inclusive problemas cotidianos y aparentemente menores que el filósofo puede asumir como objetos de su interés esclarecedor»[1]. Y aunque la filosofía se busca por sí misma, por su propio valor, la teoría llena de contenido nuestros deseos, y nos ayuda a clarificar nuestras decisiones. Y, por lo tanto, tiene una gran repercusión en la vida humana. Porque al decidir en nuestra vida, para saber lo que hay que hacer, hay que deliberar. Y es en la deliberación donde entra en juego el conocimiento teórico. La vida práctica es, por definición, libre. La experiencia moral es la experiencia de la deliberación. Y es en esta libertad donde se manifiesta la prudencia. La

---

[1] Julio Cabrera, «Eutanasia poética. Reflexiones sobre cine y filosofía. The Unbearable Lightness of Being | Philip Kaufman | 1988». *Ética y Cine*, no. 2 (2013): 12.

prudencia es el acto propio de la razón práctica, que actúa en unión con la voluntad.

Pero la teoría y la práctica no caminan por separado. La ética no es solo teoría, conocimiento. Es el conocimiento teórico de lo práctico. «Por tanto, la filosofía configura la vida. No es lo mismo pensar que la conciencia es un pegote cultural o que, por el contrario, es la brújula que señala un norte invisible pero auténtico: el deber moral. En el primer caso, todo estaría permitido; en el segundo, lo que *se puede* quedaría subordinado a lo que *se debe*»[2]. La filosofía ayuda a orientar las acciones del hombre y pone al hombre en relación al bien. Y aquí radica la importancia de la filosofía en la vida real, en el día a día. Por todo esto, se puede afirmar que cualquier acto libre está dirigido por una forma de pensar.

1.2.2. Filosofía y cine. Remando juntos

La filosofía lo impregna todo. Toda manifestación artística expresa maneras de ver la vida, sentimientos, pensamientos y un sistema de valores. El teatro, la literatura, el cine y el arte en general, son fruto de la creatividad propia del ser humano, y manifestaciones profundas de su manera de ser y de pensar: «Las manifestaciones mencionadas son parte esencial de la cultura y se hacen visibles de modo particular, estimulan nuestros sentidos provocando percepciones diversas, juicios múltiples y enriqueciendo significativamente el espíritu humano»[3].

La obra cinematográfica se ha democratizado completamente, por lo que se ha convertido en un medio de gran influencia social. De ello se deriva la gran responsabilidad social que conlleva ser director de cine. Así lo afirma Alejandro Pardo refiriéndose al productor de cine David

---

[2] José Ramón Ayllón Vega, *Filosofía mínima* (Barcelona: Editorial Ariel, 2003), 24.
[3] Aida Martín Rodríguez, *Promoción cultural, una nueva mirada. Selección de lecturas.* (La Habana, Cuba, 2010), 55.

Putnam: «…diremos que Putnam entiende el cine —en cuanto a representación dramática de la vida misma— como un poderoso agente de socialización, cuya influencia alcanza los estratos más íntimos del hombre y conforma los comportamientos y actitudes sociales. De ahí que, en su opinión, el cineasta deba actuar en conciencia a la hora de determinar los contenidos y el alcance de sus películas»[4]. Muchos son los autores que han escrito sobre la influencia del cine en el espectador, llegando a afirmar que el cine es un forjador de conciencias o un creador de mitos sociales. No en vano, los totalitarismos y los regímenes autoritarios han prestado siempre mucha atención a la difusión de los mensajes culturales, especialmente en el cine, por su poder de atracción. Los medios han sido en control y la censura de las obras, pero también la confianza en aquellos productores y directores que estaban comprometidos ideológicamente con el sistema. A este respecto, son famosos los casos de Sergei Einsestein (gran narrador de la revolución bolchevique, aunque no escapó de la censura estalinista) y de Leni Riefenstahi (una de las grandes narradoras de la narrativa documental). En todo caso, y sin llegar a los extremos, las características y el alcance que tiene una obra cinematográfica lo convierten en un medio poderoso e influyente capaz de remover conciencias y de crear opinión.

1.3. Objetivos

A continuación, se define un objetivo general y varios objetivos específicos en base a los cuales se estructura este Trabajo fin de Grado.

---

[4] Alejandro Pardo, «Cine y sociedad en David Putnam». *Comunicación y sociedad* Vol. XI, nº 2 (1998): 55.

1.3.1. Objetivo general

Analizar el valor de la vida y de la muerte digna, a partir de dos posturas contrastadas: el pensamiento de Heidegger en su obra *Ser y tiempo* (1927) y su definición de hombre como ser para la muerte, y la defensa de la eutanasia en la película *Mar adentro* (2004) de Alejandro Amenábar.

1.3.2. Objetivos específicos

1. Exponer la aportación de Martin Heidegger en su obra *Ser y tiempo* a la metafísica, centrada en el sujeto y en el ser para la muerte, y las influencias generadas de su pensamiento, incluyendo la filosofía del cuidado y la dignidad de la persona.
2. Analizar el personaje protagonista de la película *Mar adentro*, Ramón Sampedro, y exponer sus argumentos en defensa de la eutanasia.
3. Analizar la intención del director al organizar los diálogos y poner en boca de Ramón Sampedro su visión sobe la muerte digna, en contraposición a los argumentos de Julia y de Manuela, que inciden sobre la importancia del cuidado y el entorno del enfermo.
4. Confrontar los conceptos de ambas obras, estableciendo similitudes y diferencias.

1.4. Método de trabajo y materiales

Este trabajo es un ensayo que profundiza sobre la dignidad del ser humano en sus diferentes etapas, y de lo que de ello se deriva: la importancia del cuidado, el valor de la vejez, el sentido de la vida y el sentido de la muerte. Todo ello con un enfoque filosófico y humanista, sin entrar en el ámbito de las creencias ni en la libertad de conciencia.

El núcleo del trabajo es la obra fundamental de Heidegger, *Ser y tiempo* (1927), y la película *Mar adentro* (2004). A partir de ambas, se desgranan conceptos y argumentos a favor y en contra de la eutanasia, y se pone de relieve la importancia de adquirir una mirada profunda sobre la vida vulnerable, el miedo al sufrimiento y la angustia, intentando buscar argumentos que le den valor y sentido, contrastando ambas obras.

Ambas obras dan mucha importancia al tema del cuidado del enfermo, de la persona vulnerable. Heidegger habla del cuidado como la forma que tiene el *Dasein* de estar en el mundo. Amenábar recrea el cuidado a través de la familia del protagonista, sin descuidar ningún detalle. En cuanto a la filosofía del cuidado se aportan argumentos y autores que han pensado sobre el valor de la vida y sobre la dignidad humana, y a pensadores que se han dedicado al estudio de la importancia del cuidado, como, por ejemplo, *Tiempo de cuidados* (2021) de Victoria Camps.

1.5. Contexto histórico

Martín Heidegger nació en una Europa convulsa, donde el juego de alianzas entre diferentes países fue el detonante de dos grandes guerras a nivel mundial. En este contexto de destrucción e incertidumbre, los filósofos andaban preguntándose por la existencia del hombre en el mundo y por el sentido del sufrimiento. Son cuestiones sobre las que el primer existencialismo ya había profundizado. El existencialismo tiene su origen en Schopenhauer (1788-1860). Gran conocedor de las filosofías india y budista, pensó al hombre como un ser abocado al sufrimiento. Un sufrimiento que nace de la voluntad de vivir. Esa voluntad hay que anularla para poder anular a su vez el sufrimiento. Una actitud ascética que permite al ser humano dejar de sufrir. «Schopenhauer se declara partidario y profeta de la liberación de la voluntad de vivir, y halla el camino de la liberación en el ascetismo»[5].

También Kierkegaard (1813-1855) se centrará en la angustia como la principal forma de sufrir. «Él mismo ha vivido la figura tan fuertemente descrita en las páginas finales del *Concepto de la Angustia*: la del discípulo de la angustia, del que siente en sí las posibilidades aniquiladoras y terribles que toda alternativa trae consigo»[6]. Ante cualquier posibilidad hay un equilibrio inestable, que sume al sujeto en un estado de indecisión permanente. Una angustia que se explica a razón de la relación del hombre con el mundo. En su obra *La enfermedad mortal* (1849) la angustia proviene de la relación del hombre consigo mismo, y, en este caso, es una angustia que provoca la desesperación. Para Kierkegaard, la salida a la angustia está en la trascendencia religiosa, no en la muerte.

Karl Jaspers (1883-1969) vinculará su pensamiento al de Kierkegaard por centrarse en el sujeto, en el individuo, en la existencia singular. Una existencia que tiene como objetivo la búsqueda del ser.

Jean Paul Sartre (1905-1980) por su parte, analizará en su obra conceptos como ser en el mundo, o la conciencia en las situaciones, conceptos que forman parte del existencialismo. Sartre desarrolla el concepto de "ser-para-la muerte" de Heidegger convirtiéndolo en "ser para la nada". Hay una visión materialista en el trasfondo de este cambio.

En definitiva, el existencialismo pretende buscar sentido a la existencia del hombre en el mundo. Lejos quedaba el optimismo romántico. Entre los precedentes del existencialismo, ya el escritor ruso Fiódor Dostoievski (1821-1881) reflejó la angustia del ser humano en muchas de sus obras, y ese determinismo que aboca al sujeto a actuar en un sentido, cayendo sobre él todo el peso de la responsabilidad y de la culpa. Según el pensamiento propiamente existencialista, el hombre es lanzado al mundo, y su actuar queda determinado por diferentes situaciones

---

[5] Nicolás Abbagnano, *Historia de la filosofía. Vol III* (Barcelona: Hora, 1994), 127.
[6] Abbagnano, *Historia de la filosofía.* 163.

que pueden o no abocarlo al fracaso. El existencialismo se manifestó también en el clima cultural, abarcando varios ámbitos. En literatura, por ejemplo. Kafka (1883-1924) en su obra *Proceso*, deja patente cómo la insignificancia del ser humano amenaza constantemente la existencia humana, una amenaza que se acaba con la muerte. La propia existencia humana es una condena. En *Las metamorfosis*, la insignificancia del ser humano le arrebata a éste el aspecto humano, su carácter humano, lo más propio de él.

Alejandro Amenábar nació en Chile, pero se trasladó con su familia a España al poco tiempo de su nacimiento. Creció en la España de la Transición, y posteriormente en una democracia joven y con un gran crecimiento económico. Una época en la que el cine se consolidó como una opción cultural importante en la sociedad. El cine empezó a competir en audiencias con la televisión, que, para esa época, reinaba ya en la mayoría de los hogares españoles. La industria cinematográfica empezó a dotarse de estrategias comerciales como la producción de *Blockbusters,* que llenaban las salas de un público con sed de entretenimiento. Todo ello gracias a los avances tecnológicos, que han sido siempre los grandes aliados del cine.

La bonanza económica del momento no eliminó las injusticias sociales ni la existencia de sectores marginales. Los vacíos existenciales y las pandemias de soledad que surgen en las sociedades avanzadas son objeto del cine de autor, que seguía siendo la mejor opción para un público joven e inquieto, y para las minorías ilustradas. El cine de autor trata de temas más profundos, como cuestiones ético-sociales. Así, por ejemplo, se muestra en algunos personajes cierta inestabilidad emocional, se ponen de manifiesto los interrogantes de la juventud y la incertidumbre de su futuro, se crean ambientes de ciudades asfixiantes con personajes decadentes, y en ocasiones, los personajes muestran su profunda insatisfacción profesional y se alejan de su entorno en busca de sí mismos. Es un cine un tanto pesimista y desesperanzado, que refleja la tristeza del ser humano e intenta superarla con las relaciones interpersonales y que busca respuestas a los problemas de la sociedad.

Son temas que se pueden apreciar en películas como *Cosas que nunca te dije* (1996) de Isabel Coixet, donde la directora y a la vez guionista, profundiza sobre la soledad.

El cine de autor busca también estimular la reflexión del público, y da testimonio de su tiempo. El espectador toma conciencia de su propia debilidad. «Existe un acento individual e independiente por parte de los realizadores del llamado "cine independiente", acompañado en ocasiones, por una actitud frente a la realidad en la que desarrollan su trabajo, de marcado tinte rebelde»[7]. Pero la característica más importante del cine de autor es que el director suele intervenir en el guion y en el montaje, concentrando en sí varios roles propios del proceso de producción, con un mayor control del proceso creativo y productivo. Por consiguiente, la mayor parte de la fuerza creativa recae sobre el director. Y a través del guion, el director es capaz de plasmar su visión del mundo. Por ejemplo, Woody Allen, en su película *Annie Hall* (1977) intervino como director, guionista y actor, interpretando al personaje principal y narrando la historia en primera persona. En ocasiones, divide la pantalla en dos partes para ensamblar el presente con el pasado, y a veces interrumpe la acción, para dirigirse directamente al espectador en un primer plano, y explicarle su punto de vista, dotando a la cinta de gran creatividad. Algo que no se había visto hasta el momento.

En España, ya a finales de los años 90, surge una generación muy numerosa de directores-autores, algunos de ellos rompedores, como, por ejemplo, Isabel Coixet, Alex de la Iglesia y Alejandro Amenábar. Éste último tuvo la gran oportunidad de rodar muy joven gracias al apoyo de José Luís Cuerda en *Tesis* (1996). En el caso de la Película *Mar adentro*, Alejandro Amenábar también hizo de coguionista, interviniendo directamente en los diálogos de todos los personajes, y recreando el

---

[7] María Luisa García Guardia y Tania Menéndez Hevia, «Mímesis en el paradigma del llamado "cine contemporáneo" y la narración hipermedia», *Revista de comunicación y nuevas tecnologías,* nº 8. (2006). 2.

mundo interior del protagonista, lo que le permitió exponer su criterio personal a la hora de valorar la eutanasia.

1.6. Estado de la cuestión

En cuanto a la cuestión de la eutanasia, ya en la antigua Grecia se suministraba cicuta a los ancianos muy enfermos para ayudarles a morir y poner fin a sus sufrimientos. Y en la civilización Romana, un padre podía dar muerte a su hijo recién nacido cuando éste nacía con deformaciones importantes, y estaba amparado por la ley. Se trata de una situación análoga a la eutanasia, ya que la decisión del padre estaba fundamentada en la deformación del hijo, y en el posible sufrimiento derivado de ella.

A partir del surgimiento y la expansión del cristianismo en toda Europa, se empezó a ver la muerte asistida como una acción en contra del quinto mandamiento, ya que la vida pertenece al creador, Dios, por tanto, ningún ser humano tiene derecho a interrumpir la propia vida ni la de otro. Será Francis Bacon (1561-1626) quien acuñará por primera vez el término eutanasia, tal y como la entendemos hoy en día, aunque animó a los médicos a paliar los sufrimientos del enfermo y se refirió a ella como únicamente una ayuda en el morir cuando el enfermo lo solicita.

El término eutanasia proviene del griego y significa «buena muerte» (eu: bueno, y Thanatos: muerte) y se podría definir como «la práctica que procura la muerte, o mejor, abrevia una vida para evitar grandes dolores y molestias al paciente, a petición del mismo, de sus familiares o, sencillamente, por iniciativa de tercera persona que presencia, conoce e interviene en el caso concreto del moribundo»[8]. En cuanto a los tipos

---

[8] Weber, H. R., & Udías, G. H. *Experimentos con el hombre*. (Editorial Sal Terrae, 1973). Citado en Carlos Javier Lizcano Chapeta, Diego Xavier Chamorro Valencia y Miriam Janneth Pantoja Burbano, «Enfoque jurídico y social de la eutanasia, ¿Dere-

de eutanasia, se distingue entre la eutanasia activa o positiva, cuando se ejerce una acción concreta que va encaminada a provocar la muerte, y una eutanasia pasiva o negativa, que omite cualquier tratamiento que alargue la vida de la persona y suministra tratamiento que alivie el sufrimiento. En este último caso, el objetivo no es la muerte en sí, sino tratar de aliviar el sufrimiento intenso del paciente. Asimismo, existe la eutanasia voluntaria, cuando es la propia persona la que solicita morir por voluntad propia, y la eutanasia involuntaria cuando la persona no ha dado su consentimiento, llamada también homicidio por compasión. La eutanasia involuntaria no está legalizada en ningún país, porque es equivalente al homicidio.

En la actualidad, pocos países han legalizado la eutanasia. Bélgica fue el primer país, en 2002, donde el paciente puede dar su consentimiento de forma anticipada mediante declaración escrita válida por cinco años, o pedirlo explícitamente. En 2014 se legalizó la eutanasia en niños con enfermedades incurables y plena capacidad de discernir. Así se convirtió en el primer país que legalizó la eutanasia sin límite de edad. En Holanda fue aprobada en 2002 la ley con la que se permite suministrar un medicamento que provoque la muerte al paciente, cuando éste sufra dolores insoportables, previo conocimiento de causa por parte del paciente y su consentimiento.[9] Luxemburgo la legalizó en 2009, solo en pacientes mayores con enfermedades incurables. Canadá, Nueva Zelanda, Colombia, España, Alemania y Suiza han legalizado la eutanasia posteriormente. En todos se debe dar un requisito imprescindible: debe ser un profesional de la medicina el que suministre la dosis necesaria que causa la muerte y estar basado en una petición expresa del paciente en situación terminal o irreversible.

---

cho a morir dignamente?» *Dilemas contemporáneos: educación política y valores*, núm. 9 (2001), https://doi.org/10.46377/dilemas.v9i.3008

[9] SWI, "swissinfo", www.swissinfo.ch, https://www.swissinfo.ch/spa/afp/las-diversas-legislaciones-en-europa-sobre-la-eutanasia/46459024), Fecha de consulta tres de marzo de 2023.

En España, la ley que regula la eutanasia es la Ley orgánica 3/2021 de 24 de marzo y entró en vigor el 25 de junio de 2021[10]. La prestación de ayuda a morir está prevista en la cartera de la Seguridad Social española, financiada públicamente. Se presta a toda persona que manifiesta su deseo de morir, de acuerdo con el procedimiento y las garantías recogidas en la Ley. Dicha ley contempla dos modalidades posibles: una es la suministración directamente al paciente de una sustancia que le provoque la muerte por parte de un profesional de la salud. La segunda modalidad consiste en el suministro o prescripción de la sustancia por parte del profesional competente, para que el paciente se la suministre él mismo. Para recibir dicha prestación, la ley contempla los siguientes requisitos:

—Ser mayor de edad y ser capaz y consciente. Tener la nacionalidad española o la residencia legal.
—Sufrir una enfermedad grave o incurable, o un padecimiento crónico que imposibilite a la persona, y que lo certifique un médico. (Implica no poder valerse por sí mismo, y padecer un sufrimiento físico o psíquico intolerable persistente)
—Realizar dos solicitudes por escrito, de manera libre, sin ser coaccionado. Entre las dos solicitudes han de pasar como mínimo quince días.
—Firmar un consentimiento informado previo a la prestación.

El paciente puede revocar la solicitud en cualquier momento o pedir un aplazamiento. Y durante el procedimiento una Comisión de Garantía y Evaluación velará por que el proceso sea legal. La prestación puede ser denegada y el paciente tiene derecho a reclamar.[11]

---

[10] https://www.boe.es/eli/es/lo/2021/03/24/3
[11] Ministerio de Sanidad. Gobierno de España, www.sanidad.gob.es, https://www.sanidad.gob.es/eutanasia/ciudadania/informacionBasica.htm#1, fecha de consulta tres de marzo de 2023.

En varios países donde la eutanasia no está legalizada, son muchas las voces a favor de que ésta sea un derecho. Pero también hay muchos colectivos que se alzan en contra. Y detrás de estos colectivos hay una argumentación de corte filosófico que es interesante analizar.

1.7. Planteamiento del desarrollo

A continuación, se expone el esquema del desarrollo de este trabajo, que abarca la totalidad de los objetivos definidos en el apartado 1.3 objetivos.

Puntos desarrollados:

- Ser y tiempo.
    o *Dasein,* mundicidad y cuidado o cura.
    o Concepto de angustia.
    o La existencia auténtica. El «ser para la muerte».
- Influencias generadas de su pensamiento. Siglo XX: dolor, sufrimiento, y cuidado.
- Dignidad humana y valor de la vida: Concepto, autores y textos.
- *Mar adentro:* película, ritmo, intención y argumentos.
- En contraste: argumentos a favor y en contra.
- Cine y eutanasia. Recopilación de algunas películas que traten sobre el tema de la muerte.

2. EXPOSICIÓN

2.1. *Ser y tiempo*

A continuación, se exponen los tres conceptos básicos dentro de la obra de Heidegger, que son: la definición de *Dasein* como "ser-en-el-mundo", que lleva implícita la mundicidad y el cuidado, la angustia como la disposición afectiva del *Dasein* y por último el "ser-para-la-muerte" o la existencia auténtica.

2.1.1. Dasein, *mundicidad y cuidado*

Más allá del concepto de ente aristotélico, Heidegger distingue, frente al resto de entes, al ser humano, y determina su esencia en base a las características concretas que le hacen diferente al resto de seres del mundo. «La persona no es ni cosa, ni substancia, ni objeto»[12]. Es un ente que prima sobre los demás. «El *Dasein* destaca entre los demás entes»[13]. El hombre es un ente capaz de pensarse a sí mismo, porque se comporta de manera compresora respecto a ese ser, que es él y al resto de entes. Sólo el ser humano se pregunta por el sentido del ser y es por este motivo que el hombre es un ser superior a los demás seres. En el resto de entes no se da esta capacidad de pensar por el sentido del ser.

---

[12] Martin Heidegger, *Ser y tiempo,* Santiago de Chile: Editorial Universitaria, 1997, 57.
[13] M. Heidegger, *Ser y Tiempo,* 22.

Para designar a este ente, el autor utiliza el término *Dasein. Dasein* significa "ser-ahí". La esencia del *Dasein* es su propia existencia. Pero la comprensión que hace el *Dasein* de sí mismo, la hace desde su existencia en el mundo. El "estar-en-el-mundo" es lo propio del *Dasein*. Es su modo particular de ser. El *Dasein* sólo puede mostrarse en cuanto que hay mundo, en la medida en que está dentro del mundo. Este "estar-en-el-mundo" exige verlo desde su integridad, de una manera unitaria, pero admite un triple enfoque. El término "ser" hace referencia al "quien". El "en-el-mundo" determina la idea de mundanidad. El mundo es el lugar práctico-operativo en el que se encuentra el hombre. Y el "estar-en" no significa un "estar presente" simplemente, sino un "estar de hecho", un estar fáctico. Esta facticidad le hace ser intramundano, «…en forma tal que este ente se pueda comprender como ligado a su "destino" al ser del ente que comparece para él dentro de su propio mundo»[14]. "Ser-en-el-mundo" también implica posibilidad, proyectar. «Trascender hacia el mundo significa hacer del mundo mismo el *proyecto* de las posibles actitudes y acciones del hombre».[15] La trascendencia es libertad, pero una libertad que está limitada por el propio mundo.

En cuanto al mundo, Heidegger lo entiende como algo más que una oposición al *Dasein*. El mundo es aquello en lo que el *Dasein* vive, todo aquello que no es *Dasein*. El mundo circundante, el cotidiano, es el mundo más cercano al *Dasein*. Este mundo circundante hace referencia al espacio, al en-torno. A la espacialidad del *Dasein*. El mundo está constituido por cosas útiles para el hombre. Las cosas sirven de instrumentos para el *Dasein*. Esta cualidad de las cosas, su utilidad, constituye el propio ser de las cosas. Esto supone que las cosas estén "a mano". Su acercamiento o alejamiento en referencia al hombre lleva al concepto de espacialidad. El hombre es lanzado al mundo, y este mundo le condiciona. El mundo externo determina al *Dasein* por naturaleza. El

---

[14] M. Heidegger, *Ser y Tiempo,* 65.
[15] Abbagnano, *Historia de la filosofía.* 733-734.

hombre es arrojado al mundo y se proyecta en él. La apertura al mundo se manifiesta a través del lenguaje, de la ambigüedad y de la curiosidad.

Este modo de ser del *Dasein*, el "estar-en-el-mundo", implica a su vez la ocupación, u ocuparse-de. Para el sujeto, se concreta en cuidar las realidades que le rodean y que forman ese mundo. El cuidado es constitutivo del "ser-en-el-mundo", del ser propio del hombre, en cuanto que está en el mundo. El cuidado implica preocuparse y atender todo lo que le envuelve. Se establece una relación entre *Dasein* y cosa. Pero también implica el cuidado del resto de hombres, estableciéndose así una relación entre *Dasein* y *Dasein*. El "ser-en-el-mundo" es un ser entre los demás. «El mundo es desde siempre el que yo comparto con los otros. El mundo del *Dasein* es un *mundo en común* [*Mitwelt*]. El estar-en es un *coestar* con los otros. El ser-en-sí intramundano de éstos es la *coexistencia*»[16]. Este coestar es constitutivo del estar-en-el-mundo. Nadie es un "yo" aislado, sin el resto. El propio existir del hombre implica apertura al mundo, a los demás. «Como la relación entre el hombre y las cosas es un *tener cuidado* de las cosas, así también la relación entre el hombre y los demás consiste en *tener cuidado* de los demás»[17]. En el cuidado, en la cura, se manifiesta el sentido del *Dasein*. «El cuidado expresa así la condición fundamental de un ser que, arrojado en el mundo, proyecta hacia delante sus posibilidades»[18]. El cuidado también se manifiesta como miedo por los otros, por los demás, sobre todo por aquéllos que no pueden cuidarse de sí mismos. Este miedo se entiende como desvelo, como temor por el otro. «Tememos al máximo *por* el otro precisamente cuando *él no* tiene miedo y se precipita temerariamente hacia lo amenazante. Temer por… es un modo de la disposición afectiva solidaria con los otros»[19].

---

[16] M. Heidegger, *Ser y Tiempo*. 123.
[17] Abbagnano, *Historia de la filosofía*. 735.
[18] Idem. 736.
[19] M. Heidegger, *Ser y tiempo*. 145.

2.1.2. El Dasein *como disposición afectiva. Concepto de angustia*

El modo de ser del *Dasein* es estar en el mundo en disposición afectiva. La disposición afectiva del *Dasein* es el temple anímico, el estado de ánimo. El mundo implica apertura. El *Dasein* se abre al mundo: El "ahí" del *Dasein* lleva implícita su condición de arrojado. El estado de ánimo se manifiesta en forma de conversión o de aversión. «La disposición afectiva abre al *Dasein* en su condición de arrojado, y lo hace inmediata y regularmente en la forma de la aversión esquivadora»[20]. En resumen, el hombre, en su condición de "ser-en-el-mundo", se familiariza con él, cuidándose a sí mismo y cuidando del mundo, ocupándose. El *Dasein* comparte el mundo con otros. Y, además, es un ser en constante construcción, porque la apertura al mundo, su condición de arrojado y lo que tiene por delante, le permite autoconstruirse: el *Dasein* es apertura, posibilidad.

Dicha disposición afectiva es un modo existencial fundamental de la apertura al mundo del *Dasein*. De la apertura al mundo que hace el *Dasein*, nace el miedo y la angustia como una disposición afectiva que lo aísla del mundo. ¿Miedo ante qué? Ante lo perjudicial, que se presenta como amenazante. Cuando aquello que amenaza se acerca al *Dasein*, crece el miedo, aunque cabe la posibilidad de que pase de largo. Al experimentar el miedo se puede llegar a entender qué es lo temible, a qué se tiene miedo. Y puede manifestar la existencia de un peligro. En este tener miedo se dan diferentes posibilidades: el susto como el acercamiento inminente de lo amenazante, o el temer por, que implica el miedo de que el otro no sienta miedo y se dirija directamente sobre lo amenazante. Este último, el miedo por el otro, es la disposición afectiva solidaria por los demás. Tener miedo de, también implica el temor a uno mismo. El miedo también se manifiesta ante lo desconocido, y se convierte en pavor. Otras manifestaciones pueden ser la timidez, la ansiedad, el temor, etc.

---

[20] M. Heidegger, *Ser y Tiempo.* 140.

El *Dasein* se comprende a sí mismo a partir del mundo, pero la angustia le quita esta posibilidad, es decir, el *Dasein* deja de comprenderse a sí mismo, y por ello se aísla. Pero este aislamiento le abre a una nueva posibilidad, a una nueva apertura al mundo. El *Dasein*, entonces, le da la espalda al mundo, y en ese aislamiento fruto de la angustia «…se da la posibilidad de una apertura privilegiada, porque ella aísla»[21]. La propia angustia es una manera de estar del *Dasein*. El hombre se enfrenta a la nada. De manera que la angustia se debe al propio estar-en-el-mundo, y abre a la posibilidad: el *Dasein* como ser-posible, como poder-ser. La posibilidad de ser desde sí mismo. De ahí que el *Dasein* proyecte constantemente en una apertura al mundo y al futuro.

2.1.3. El "ser-para-la muerte"

"Estar-en-el-mundo", trascendencia y posibilidad llevan al autor a hablar de la muerte no como un final del *Dasein*, sino como "posibilidad de". El final de la vida biológica Heidegger lo llama fenecer. La muerte es una posibilidad en la existencia del hombre. El *Dasein* se proyecta al futuro anticipándose. Morir es «…la *manera de ser* en la que el *Dasein está vuelto hacia* su muerte»[22]. El *Dasein* es un ser para la muerte. La propia existencia es trascendencia, apertura, y, por lo tanto, el *Dasein* se piensa más allá de su existencia, más allá de su realidad actual, proyectando y anticipando su propia existencia. La muerte es un fenómeno. El hombre se enfrenta a sí mismo y se encuentra con la angustia, porque se le presenta su propia finitud. Esta conciencia de su propia muerte abre al ser humano la posibilidad de encontrar un sentido a la vida. La muerte es inevitable y hay que aceptarla. «Solamente en

---

[21] M. Heidegger, *Ser y Tiempo*. 191.
[22] M. Heidegger, *Ser y Tiempo*. 244.

el reconocer la posibilidad de la muerte, en el asumirla con una decisión anticipadora, el hombre encuentra su ser auténtico»[23].

2.2. Influencias generadas de su pensamiento: dolor, sufrimiento y cuidado

En este apartado se profundiza en el concepto de dolor y sufrimiento, y en la importancia del cuidado como tendencia innata del hombre hacia la persona que sufre, y también como obligación moral, tanto a nivel individual como a nivel colectivo, como sociedad.

2.2.1. Dolor y sufrimiento. Una mirada antropológica

El dolor es un misterio. Tarde o temprano irrumpe en la vida de todos los seres humanos de manera irremediable. Desde el inicio de la historia, el hombre ha intentado entender el dolor, y buscarle un sentido. Desde el punto de vista físico y corporal, el dolor es la alarma que indica que algo va mal.

Sin embargo, existe un tipo de dolor mucho más profundo: el sufrimiento. Los protagonistas de este sufrimiento son los débiles. El débil es aquel que carece de salud, de capacidades físicas, psíquicas, culturales, económicas o jurídicas. «Los que sufren soledad y desamparo, aquellos a quienes nadie ama, los abandonados, los que son "un problema", porque han dejado de ser "útiles" (los ancianos, los que no se valen por sí mismos, los que aún no han nacido, los que no saben o no pueden hablar por sí mismos, como los niños, los deficientes, los oprimidos, los que sin saberlo o contra su voluntad se ven prostituidos, los que sufren

---

[23] Abbagnano, *Historia de la filosofía*. 738.

injusticias al parecer irremediables, las víctimas de la violencia, en todas sus formas)»[24].

En todo caso, el ser humano experimenta el dolor tarde o temprano. La existencia del dolor es evidente y su manifestación es inevitable. Nadie se libra. Es como un intruso que se cuela en la vida de cada hombre sin buscarlo, sin quererlo. Forma parte de las limitaciones del hombre y encontrarle un sentido se convierte muchas veces en un desafío.

El dolor se manifiesta en los seres vivientes. Todo viviente está atraído por lo que es bueno para él, lo que le genera un placer, y rechaza aquello que considera malo. En este rechazo entran en juego el sufrimiento, la angustia, el miedo y el temor. De manera que el ser humano se mueve entre el placer y el dolor de forma inevitable. Son como dos compañeros de vida: uno de ellos, el placer, facilita la vida. El otro la dificulta. El placer atrae, del dolor se huye. Tanto el placer como el dolor se viven de manera personal. El dolor no existe si no hay alguien detrás que lo padece. El dolor corporal afecta al ámbito físico, mientras que el dolor moral se convierte en sufrimiento porque afecta a lo más profundo del hombre. El sufrimiento genera mucha angustia en el ser humano, duele más que el dolor corporal. Y puede hacer tambalear el sentido de la vida, desenfocando los porqués[25].

El sufrimiento se manifiesta en la intimidad, en forma de tristeza o miedo y es mucho más complejo que el dolor corporal. La tristeza se refiere al sentimiento de carencia actual de aquello que queremos o que amamos. Miedo y temor son conceptos muy cercanos. El miedo es el sentimiento de temor a la posible amenaza en el futuro y genera impotencia, pero se cura con la esperanza. «El impulso o apetito irascible, en

---

[24] Ricardo Yepes Stork, Javier Aranguren Echevarría, *Fundamentos de Antropología. Un ideal de la excelencia humana.* (España: Eunsa, 1996), 320.

[25] Víctor Frankl, en su obra *El hombre en busca de sentido* (1946), hizo un estudio psicológico sobre el ser humano en una situación extrema de sufrimiento, como fue su paso por un campo de concentración nazi durante la II Guerra Mundial. En él concluyó que el hombre es capaz de soportar cualquier *cómo*, si tiene un *porqué* que le ayude a mirar al futuro, sin perder la esperanza.

cuanto mueve hacia un bien futuro, arduo pero conseguible, se llama esperanza»[26]. Frente a los motivos para soportar el dolor o para aceptarlo tenemos medios técnicos para combatirlo, que no siempre alcanzan a ese sufrimiento más profundo. El hombre, al final, o aprende a convivir con él, o es superado por él y se hunde.

El sufrimiento se vive de manera distinta en cada persona. Cada persona reacciona de forma diferente delante de la misma experiencia dolorosa. «Por el polo motivacional y subjetivo, la experiencia dolorosa se abre a una multiplicidad de formas de vivir esa experiencia»[27]. El dolor nos interpela y nos pone frente a nuestra limitación. En contra de la esperanza, se encuentra la desesperación. En la aceptación del dolor está el crecimiento. «Sufrir, cuando se transforma en *actitud de aceptación* y en una tarea libremente asumida, es algo que nos hace más libres respecto de las circunstancias externas, nos abre los ojos al verdadero valor e importancia de las cosas»[28].

2.2.2. El cuidado. Un valor en sí mismo

Aristóteles apuntó que el ser humano es un ser social por naturaleza, y que su felicidad depende en gran medida de la sociedad donde se desarrolla. Por tanto, la comunidad política es algo natural que surge de la condición social del hombre.

> «Si el hombre es infinitamente más sociable que las abejas y que todos los demás animales que viven en grey, es evidentemente, como he dicho muchas veces, porque la naturaleza no hace nada en vano. Pues bien, ella concede la palabra al hombre exclusivamente. Es verdad que la voz puede realmente expresar la alegría y el dolor, y así no les falta a los demás ani-

---

[26] Yepes y Aranguren. *Fundamentos de Antropología*. 322.

[27] Aquilino Polaino-Lorente. *Más allá del dolor y el sufrimiento: la cuestión acerca del sentido*. Biblioteca Digital. Universidad CEU (San Pablo:2000), 459.

[28] Yepes y Aranguren. *Fundamentos de Antropología*. 327.

males, porque su organización les permite sentir estas dos afecciones, y comunicárselas entre sí; pero la palabra ha sido concedida para expresar el bien y el mal, y por consiguiente lo justo y lo injusto, y el hombre tiene esto de especial entre todos los animales: que sólo él percibe el bien y el mal, lo justo y lo injusto, y todos los sentimientos del mismo orden, cuya asociación constituye precisamente la familia y el Estado»[29].

El ser humano vive en sociedad con el resto. Está inmerso en la sociedad, y ahí es donde se desarrolla como persona. Es un ser social por naturaleza. «No hay posibilidad de ser hombre en la soledad absoluta; se es hombre en la convivencia, aunque ésta lleve consigo los problemas propios del estar con el otro o los otros, pero también la posibilidad de construir unas relaciones interpersonales cimentadas en el amor»[30]. Estar en el mundo implica estar con los demás, estar en sociedad. En el trato con los demás hombres y con el mundo es donde se desarrolla como ser humano[31]. El hombre es relacional e interdependiente ya que necesita de la relación con sus iguales para sobrevivir, para prosperar, y, en definitiva, para aprender a ser humano. Aprende el lenguaje, que es la base de la comunicación, y desarrolla su propia identidad. De esta interdependencia con sus iguales deriva la capacidad de cada persona para preocuparse por los demás, es decir, para cuidar. «Tiene trato con lo que le rodea, y en ese trato ha de cumplir el imperativo de benevolencia (…)

---

[29] Patricio de Azcárate, Política, *Obras filosóficas de Aristóteles,* (Madrid: Imprenta de la Biblioteca de instrucción y Recreo, 1873-1875)

[30] Alberto Vianney Trujillo, "El hombre es un ser social", *Revista Unimar,* número 56 (2010): 47.

[31] Según Jean-Jaques Rousseau (1712-1778) es la sociedad la que corrompe al ser humano. El hombre nace bueno y libre en el estado de naturaleza, una libertad y una bondad que pierde cuando vive en sociedad. Es la propiedad privada (origen de la desigualdad y de la injusticia) y la propia sociedad que corrompe al hombre: lo hace competitivo y egoísta. Además, la sociedad impone una serie de normas que le coartan su libertad. La solución de Rousseau no pasa por aislar al hombre del resto para mantenerlo libre y bueno, sino que propone una sociedad que restaure la igualdad y la libertad. En el fondo el autor no niega que el hombre necesite vivir en sociedad.

Cuando el ser tratado es humano, el buen o mal uso de esta capacidad se torna más importante: es un asistir, un ayudar a que el otro alcance su plenitud, un favorecerle en aquello que le conviene»[32]. El cuidado es la protección, la atención y el apoyo que se brinda a otra persona. Porque el humano es un ser valioso en sí mismo. «...el cuidado implica afecto, acompañamiento, cercanía, respeto, empatía con la persona a la que hay que cuidar. Una relación que debe ocultar la asimetría que por definición la constituye»[33].

De la condición social del ser humano se deriva la necesidad de una autoridad que vele por la armonía y evite la posibilidad de destrucción mediante la violencia, con un sistema de regulación: las leyes. El sistema legal debe estar basado en la justicia y el derecho, y, por lo tanto, debe estar supeditado a la justicia. «Ser justo es cuidar, tratar de reparar el desorden que el mal, en su carácter de misterio, siembra de continuo en la tierra (...) La ley es algo intrínseco a los seres, pues es el canon de su despliegue teleológico; luchar por que la cumplan se identifica con amar a la realidad como *puede* ser (...) Hablar de ley llevará también a tratar del carácter racional de la justicia y el derecho, y de su relación con la ética»[34].

El cuidado es esencial para el ser humano. Nacemos y morimos vulnerables y dependientes. Y también es esencial para la sociedad: la comunidad que no vela por sus vulnerables no es una comunidad justa. A través del cuidado se establecen relaciones profundas que benefician también a la comunidad.

De este modo, el cuidado no solo ayuda a la persona cuidada. El cuidador también sale muy beneficiado: se puede sentir muy valioso, ya que su vida se abre hacia los demás, y desarrolla relaciones muy significativas. «La persona, por el contrario, demuestra su preeminencia,

---

[32] Yepes y Aranguren. *Fundamentos de Antropología.* 333.
[33] Victoria Camps. *Tiempo de cuidados. Otra forma de estar en el mundo.* (Arpa, 2021), 13.
[34] Yepes y Aranguren. *Fundamentos de Antropología. 227.*

su mayor rango en el ser, porque puede desentenderse, olvidarse de sí misma, y volcar toda su energía configuradora hacia la afirmación de aquellos que le rodean. Porque es mucho, podríamos explicar, no necesita ya ocuparse de sí misma, puede ponerse entre paréntesis y atender así al perfeccionamiento de los otros»[35].

Aunque lo expuesto anteriormente conduce a pensar que el cuidado es una tendencia innata, hay que considerar también que es, a la vez, una obligación moral. En la ética del cuidado se entiende y se atiende la vulnerabilidad en la que se encuentra todo ser humano tarde o temprano, «pues si bien es cierto que la motivación de cuidar brota de la misma condición humana, de su carácter relacional, por el que no puede sernos del todo indiferente lo que acontece a nuestros semejantes, dicha tendencia no satisface un reparto justo y adecuado de los cuidados. La asunción de la responsabilidad de cuidar es y seguirá siendo injusta mientras sea una responsabilidad, supuestamente espontánea, atribuida solo a una parte de la humanidad»[36]. Es un deber de justicia, pero que va más allá de la mera justicia. La justicia, incluso la justicia social, se queda solo en dar a cada uno lo que le corresponde, lo que le toca. El cuidado está por encima del simple deber. Toca las relaciones humanas de una manera más profunda. Es vivir como persona entre personas.

El cuidado tiene una dimensión personal, individual, porque se lleva a cabo en el ámbito privado. Pero, a la vez, alcanza una dimensión social y política, justamente porque vivimos en sociedad y estamos inmersos en ella. «El cuidado es un deber universal, debe ser accesible a cuantos lo solicitan justamente, no puede ser visto solo como una responsabilidad privada»[37]. Mucho menos en una sociedad donde crece constantemente el número de personas en situación de vulnerabilidad, principalmente debido al envejecimiento de la población.

---

[35] Tomás Melendo Granados. "La dignidad de la persona", video, 44:36, 6 de agosto de 2020. https://www.youtube.com/watch?v=7cAVXzMeoks.

[36] Victoria Camps. *Tiempo de cuidados.* (Barcelona: Arpa, 2021), 47.

[37] Camps. *Tiempo de cuidados.* 36.

El cuidado es una de las formas que tiene el ser humano de reconocer la dignidad de toda persona. Más que una virtud, se trata de una actitud del ser humano frente al enfermo, al vulnerable. Una actitud que trata de proteger a la parte más débil de la sociedad. «…cuidar es también una dimensión del ser humano que pone de manifiesto que los otros importan»[38]. Pero con "estos otros" hay que referirse a la persona concreta, individual, al hombre doliente.

Según la interpretación marxista de la sociedad, a partir de la Revolución Industrial, que ha generado la sociedad capitalista, el ser humano quedó despojado de su auténtico valor, pasando a ser un sujeto productivo dentro de la sociedad liberal. Se dejó de atenderle en toda su dimensión, y se fijó la mirada en su utilidad en términos de producción. La mentalidad capitalista ha influido en que la productividad se haya erigido en uno de los valores primordiales, sostenido también por los propios individuos que la conforman.

Con esta perspectiva, la enfermedad y la incapacidad han quedado invisibilizadas hasta bien entrado el siglo XX. «Ni los medios de comunicación, ni el mercado, ni la publicidad, ni las políticas públicas prestan una gran atención a los mayores. Carecen de poder adquisitivo y solo son receptores de servicios y ayudas»[39]. Esto genera sufrimiento en quienes padecen enfermedad o vejez, en forma de frustración, sentimiento de inutilidad, pensar que uno se ha convertido en un estorbo. Tales sentimientos vacían de sentido la enfermedad, la discapacidad y la vulnerabilidad. En cambio, si el valor de la productividad se complementa con el de dignidad de toda vida humana, el cuidado debe estar entre las prioridades de un gobierno, señalando en qué caso los cuidados corresponden al Estado de bienestar, y qué cuidados se pueden dejar en manos de los particulares.

---

[38] Camps. *Tiempo de cuidados*. 64.
[39] Camps. *Tiempo de cuidados*. 69.

2.3. Anotaciones sobre la dignidad humana

Muchos son los autores que han hablado del concepto de dignidad. A la eutanasia se le suele llamar muerte digna, o derecho a morir dignamente. ¿Quiere decir esto que el resto de formas de morir no son dignas? ¿Existe, en realidad, una forma de morir que sea más digna que las demás? ¿Qué es, en realidad, la dignidad?

2.3.1. Concepto de dignidad

La Real Academia de la lengua define digno como «merecedor de algo», «que tiene dignidad, o se comporta con ella». El vocablo dignidad viene definido como «excelencia, realce». La RAE atiende a la dimensión externa de la persona, a su obrar. Así que la dignidad es aquello que realza o ensalza algo o a alguien por encima del resto. En esta dimensión externa, la definición también atiende al reconocimiento que le prestan a un sujeto sus iguales. Ambos aspectos, la posición en relación con otros o el reconocimiento recibido, son accidentales. Desde el punto de vista intrínseco, el término dignidad humana designa una característica del ser humano, y hace referencia a su superioridad sobre los animales y cosas. A esta dimensión se refiere Heidegger, por ejemplo, cuando señala que el ser humano es el único que se interroga por el sentido del ser. Dignidad humana es un concepto muy arraigado en el mundo occidental. En la cultura cristiano-medieval, la dignidad del hombre se fundamentó en que el hombre estaba hecho a imagen de Dios. Pico della Mirandola (1463-1494) empezó a cambiar el concepto cuando basó esta dignidad en la autonomía del hombre. Así como el resto de seres están determinados por la naturaleza, el hombre («…soberano artífice de ti mismo»[40]) es el único ser capaz de degenerar, hasta convertirse en

---

[40] Giovanni Pico della Mirandola, "Discurso sobre la dignidad del hombre". *Revista digital universitaria* volumen 11, número 11 (2010): 4.

una bestia, o ensalzarse, hasta alcanzar lo divino. El hombre es capaz de sacar lo mejor o lo peor de sí mismo, y se define a sí mismo por su elección. Pico della Mirandola sostiene que la autonomía, por la que el ser humano es capaz de decidir su destino, es un don del Creador. De hecho, esta idea la expone en un discurso de Dios a Adán:

«Al hombre, desde su nacimiento, el Padre le confirió gérmenes de toda especie y gérmenes de toda vida y, según como cada hombre los haya cultivado, madurarán en él y le darán sus frutos. Si fueran vegetales, será planta; si sensibles, será bestia; si racionales, se elevará a animal celeste; si intelectuales, será ángel o hijo de Dios y, si no contento con la suerte de ninguna criatura, se replegará en el centro de su unidad, transformado en un espíritu a solas con Dios, en la solitaria oscuridad del Padre -él, que fue colocado sobre todas las cosas- y las sobrepujará a todas»[41].

«[…] A propósito de la grandeza humana: que el hombre, familiar de las criaturas superiores y soberano de las inferiores, es el vínculo entre ellas; que, por la agudeza de los sentidos, por el poder indagador de la razón y por la luz del intelecto, es intérprete de la naturaleza; que, intermediario entre el tiempo y la eternidad es (como dicen los persas) también connubio de todos los seres del mundo»[42].

La idea de libre albedrío y autonomía que solo tiene el ser humano, queda reforzada en la siguiente cita:

«Ni una morada fija, ni una forma que sea solo tuya, ni una función peculiar a ti te hemos dado, Adán, con el fin de que según tu juicio puedas tener y poseer la morada, la forma y las funciones que tú mismo desees. Constreñido por ningunos límites, de acuerdo con tu libre albedrío, en cuyas manos te hemos puesto, ordenarás por ti mismo los límites de tu naturaleza. Tendrás el poder de degenerar en las formas más bajas de la vida, que son bestiales. Tendrás el poder, que surge del juicio de tu alma, de volver a nacer en las formas más altas, que son divinas»[43].

---

[41] Pico della Mirandola, "Relato del Génesis. Discurso sobre la dignidad del hombre", *Revista Digital Universitaria*, 11, núm. 11 (2010): 5.

[42] Pico della Mirandola, "Discurso sobre la dignidad del hombre", 1.

[43] Pico della Mirandola, "Discurso sobre la dignidad del hombre", 1.

En el ser humano podemos distinguir una dignidad intrínseca, propia solo del hombre, y que está basada en esa superioridad del hombre sobre el resto de seres. «La dignidad constituye una especie de preeminencia, de bondad o categoría superior, en virtud de la cual algo destaca, se señala o eleva por encima de otros seres, carentes de tan alto valor»[44]. Solo por el hecho de ser persona, el hombre tiene unas capacidades superiores al resto de animales y cosas del mundo. La capacidad de pensar, calcular, memorizar, crear, amar, y un largo etcétera, hacen que el hombre esté por encima de todo lo demás, y sea capaz de dominar la tierra mediante la ciencia. Esta dignidad intrínseca que solo tiene el ser humano por el mero hecho de serlo está relacionada con el concepto de dignidad cristiano-medieval, cuyo valor del hombre emana de la semejanza con Dios. El hombre tiene valor en sí mismo[45]. La persona es valiosa en sí misma, al margen de todo. Su grandeza, su bondad, su valía es constitutiva de su ser. «Lo más íntimo de la persona, su propio ser, es de tal categoría que todo lo demás es secundario, y en cierto modo, prescindible»[46]. Por consiguiente, cualquier persona tiene el derecho a ser tratada de manera digna, o dignamente. Porque el valor del ser humano radica en su propia condición[47].

Pero, además, existe otro tipo de dignidad, una dignidad que no depende del quién sino del cómo. Y que emana del ejercicio la autonomía

---

[44] Tomas Melendo. "La dignidad personal", *Institut d´Estudis Superiors de la Família*. Universitat Internacional de Catalunya. T3. 4.

[45] Aunque sin referencia religiosa, es el concepto de dignidad que está recogido en la Declaración Universal de Derechos Humanos, art. 1: "Todos los seres humanos nacen libres e iguales en dignidad y derechos y, dotados como están de razón y conciencia, deben comportarse fraternalmente los unos con los otros" https://www.un.org/es/about-us/universal-declaration-of-human-rights

[46] Melendo. *La dignidad personal*. 11.

[47] Cualquier realidad debe ser tratada con respeto. En la medida de su ser, proporcional a su realidad. La persona, cualquier persona, merece ser tratada con el respeto máximo, en virtud de su valía, de su dignidad. Aunque, paradójicamente, la grandeza del ser humano está en reconocer su poquedad.

a la que se refiere Pico della Mirandola. Es la dignidad moral, aquélla que hace al hombre un ser más digno según sus actos. Una dignidad que se puede aumentar o disminuir, y de la que también depende el reconocimiento que recibe entre sus iguales. La dignidad radical, por el hecho de ser humano, no se puede perder. La más externa tampoco se pierde del todo: es el motivo por el que los criminales, que son el extremo negativo de la autonomía, también merecen un trato respetuoso y digno. El hombre se aleja de su dignidad moral cuando sus actos no se encaminan hacia su propio fin; cuando no saca lo mejor de sí mismo y, en consecuencia, su actuar no le hace ser mejor. Y, por el contrario, en el ejercicio de su libertad, gana dignidad moral cuando sus acciones le acercan a su fin. Cuando aquello que elige le humaniza, le lleva a emprender acciones auténticamente humanas, por ser específicas de su naturaleza. La dignidad moral depende del uso que se hace de la libertad.

2.4. *Mar adentro* de Alejandro Amenábar

A continuación, se detalla la ficha técnico-artística de la película *Mar adentro*, se hace una sinopsis de la película y se analiza el lenguaje cinematográfico como los códigos visuales, los códigos sonoros, los códigos sintácticos, y un resumen de los temas que trata la película. También se han seleccionado los diálogos más relevantes y un análisis de los personajes.

2.4.1. Ficha técnico-artística

Dirección: Alejandro Amenábar.
Producción: Fernando Bavaria y Alejandro Amenábar.
Director de producción: Emiliano Otegui.
Guion: Alejandro Amenábar y Mateo Gil.
Música: Alejandro Amenábar.
Sonido: Ricardo Steinberg.

Maquillaje: Ana López.

Peluquería: Mara Collazo.

Fotografía: Javier Aguirresarobe.

Reparto: Javier Bardem, Belén Rueda, Lola Peñas, Mabel Ribera, Celso Bugallo, Clara Segura, Joan Dalmau, Alberto Jiménez, Francesc Garrido, Tomar Novas, Alberto Amarilla, José María Pou.

2.4.2. Sinopsis

Ramón Sampedro se queda tetrapléjico a causa de un accidente y veintiséis años después vive postrado en una cama. Vive con su familia en una granja de Galicia. Con él está su padre, su hermano y cuñada y el hijo de ambos. De los cuidados de Ramón se encarga sobre todo su cuñada Manuela, que lo hace de manera abnegada y paciente. Una abogada, Julia, quiere ayudarle a llevar su caso ante los tribunales. Ella también sufre una enfermedad degenerativa y empatiza con el caso. Ramón pide poder morir. La asociación DMD (Derecho a morir dignamente) le apoyará en todo el proceso hasta que, harto de luchar en los tribunales, decide poner fin a su vida gracias a la ayuda de varios amigos, entre ellos Rosa, una vecina del pueblo de al lado que se enamora de él.

2.4.3. Códigos visuales

La mayoría de las secuencias de la película están rodadas dentro de la habitación de Ramón. Esto refleja la decisión del protagonista de no salir de la habitación, aunque el ritmo visual se suaviza con secuencias imaginarias en las que el deseo del protagonista "vuela" desde la ventana hacia el mar, que tanto le gustaba. Cuando el protagonista habla, la cámara, en general, se acerca enfocándolo en primeros planos, que ayudan a captar los sentimientos del enfermo. Estos sentimientos son centrales en la narrativa, siendo mucho más importantes que los hechos. El director utiliza encuadres estables, que dan a la película un ritmo calmado y permite enfatizar los diálogos profundos y el significado que el director quiere transmitir. En pocas ocasiones, cuando el protagonista vuela con su imaginación, se utilizan planos picados y contrapicados que dan sensación de movimiento y libertad y se agranda el campo visual utilizando planos generales de paisajes montañosos y playas.

En cuanto a la iluminación, las escenas rodadas en Galicia suelen presentarse con iluminación tenue: cielos nublados y sensación de frío y humedad propio de la zona. Pero cuando Ramón vuela en su imaginación, se presentan cielos soleados, con mucha luz, que dan sensación de esperanza y de libertad. En general, en los planos de interiores se utilizan colores grises y fríos, mientras que en el exterior se muestran los cálidos y brillantes del sol, o de la arena de la playa, reflejando visualmente el contraste entre la situación de aislamiento y el deseo de libertad del protagonista.

La puesta en escena y el vestuario están muy cuidados. La casa de Ramón y su dormitorio son sencillos, pero los espacios están ordenados y limpios. La ubicación del dormitorio, alejado de las zonas comunes como la cocina, refuerza la idea de aislamiento y soledad de Ramón, aunque también se muestra su pequeño gran mundo, lleno de música y de libros. El vestuario de la gente de Galicia, de campo, es cómodo y sencillo, y difiere del que llevan los personajes ubicados en Barcelona, mucho más urbano, consiguiendo contrastar los dos mundos.

El director no juega con una gran diversidad de imágenes, ya que lo más importante de la película es el cuerpo argumental y la justificación de la eutanasia, pero sí que compensa las escenas de interior con las de exterior para que la cinta no resulte claustrofóbica: a Ramón Sampedro le dieron ventanas: su universo interior se plasma en escenas al aire libre, y un universo femenino (Manuela, Rosa, Julia y Gené) gira en torno a él durante toda la película.

2.4.4. Códigos sonoros

Durante toda la cinta el director cuenta con una gran diversidad de música, la mayoría instrumental, que potencia el guion y le aporta gran intensidad. Una música que consigue conmover al espectador, y que se debe a Carlos Núñez, uno de los principales compositores de música celta y gallega de las últimas décadas. También se puede escuchar en varias ocasiones la canción de *Negra sombra* que pone música a un poema de Rosalía de Castro (publicado en *Follas* Novas, de 1880) cantado por Luz Casal.

No se utiliza un narrador externo que explica lo que ocurre, sino que los propios personajes son los que van desarrollando la trama y los diálogos sin necesidad de una voz en *off*.

2.4.5. Códigos sintácticos

La película se desarrolla con un relato lineal, utilizando una línea temporal cronológica que dura dos o tres años, desde que la abogada Julia visita a Ramón por primera vez, hasta que Ramón organiza su muerte, bebe el cianuro y muere. Al final de la película, el deterioro físico de Julia debido a su enfermedad es ya patente. Aquí hay un contraste narrativo importante: en sus conversaciones con Ramón, Julia parece decidida a quitarse la vida cuando lo haga Ramón, pero no se atreve y afronta su deterioro físico y mental, con el apoyo de su marido. Pero, aunque el relato es lineal, hay unos cuantos *flash back* que evocan el pasado y permiten visualizar el trágico accidente en el mar, y cómo fue el rescate de Ramón. En general, el relato se desencadena de manera lenta, pausada y sin sobresaltos.

2.4.6. Temática

Los temas principales que surgen en la película son:

- La enfermedad, el dolor y el sufrimiento. Su aceptación o su rechazo.
- El cuidado.
- La importancia del entorno y el apoyo de la familia.
- La legalización de la eutanasia y sus argumentos.
- La vida digna y la muerte digna.
- La libertad de decidir sobre la propia vida.
- Crítica al pensamiento conservador.

2.4.7. Segmentación. Escenas y diálogos más relevantes

En este apartado se exponen los diálogos y momentos más relevantes de la película que ayudan a entender al protagonista y sus motivos.

El principio de la película se sitúa en Galicia, con una primera escena en la habitación de Sampedro, donde postrado en la cama, escucha un libro que le lee Gené, una voluntaria de la asociación DMD. Gené se marcha a buscar a Julia, una abogada que viene de Barcelona para entrevistar a Ramón. En la entrevista, le explica su vida, postrado en la cama sin perder el buen humor. En un momento dado, Julia le pregunta[48]:

—Ramón, ¿Por qué morir?
—Quiero morir porque la vida para mí, en este estado, la vida así no es digna. Yo entiendo que otros tetrapléjicos puedan sentirse ofendidos cuando yo digo que la vida así no es digna, pero yo no juzgo a nadie, ¿quién soy yo para juzgar a los que quieren vivir? Por eso pido yo que no se me juzgue ni a mí ni a la persona que me preste la ayuda necesaria para morir (…) Que no, hombre, que no, que no es para tanto. Que la muerte siempre ha estado ahí, y siempre estará, si al final nos toca a todos; a todos, y forma

---

[48] Los diálogos están transcritos literalmente de la película.

parte de nosotros (…) Aceptar la silla de ruedas sería como aceptar migajas de lo que fue mi libertad …

En estos primeros diez minutos de cinta, el espectador queda situado en lo que va a ser la lucha de Ramón, sus argumentos y su entorno más próximo. Gené es la presidenta de una asociación que lucha para legislar la eutanasia en España, la DMD (Derecho a morir dignamente) y junto con Julia, acompañarán a Ramón en el transcurso de la película en su lucha para conseguir el derecho a morir.

Pero, ¿qué piensan su familia, los que conviven con él y se encargan de sus cuidados? Ramón vive con su hermano, su cuñada y su sobrino. Su hermano lo dice claro:

> —Yo pienso que lo que él quiere no está bien. Aquí, todos en esta casa queremos lo mejor para él. ¿Por qué va a querer morirse? Eso no entra en la cabeza de nadie. No es racional, como él dice.

El sobrino ayuda a Ramón en varias tareas y Ramón se preocupa por sus inquietudes, por sus exámenes, etc. Hay una buena relación. Toda su familia se desvive por él. Los cuidados de Ramón no se presentan como una carga para la familia. Pero Ramón sí percibe que tienen que vivir permanentemente pendientes de él.

Hacia el minuto trece entra el personaje de Rosa, empleada en una conservera y locutora de radio local algún día a la semana. Rosa escucha a Ramón por la televisión diciendo:

> —… al final, la suerte una vez nos mire, ganaremos el cielo, porque infierno, el infierno lo hemos pasado ya en esta vida… quienes tengan que decidir, entiendan un poco, porque parece que no puedan entrar en el dolor psicológico de la persona (…) cuando uno depende constantemente de los demás, aprende a llevar riendo.

Al oír estas palabras, Rosa decide ir a conocer a Ramón.

–Te vi en la tele, el otro día. (…) y pensé: unos ojos tan llenos de vida, como va a querer morir con esos ojos. (…) Sí que huyes, por eso quería venir, para darte ganas de vivir. Que la vida vale la pena, ¿no?

A Ramón le molesta mucho esta primera visita de Rosa, porque le parece que se entromete en una decisión que es suya. De hecho, Ramón va a lograr que Rosa cambie de opinión. Hacia el minuto veinticinco, Ramón contesta las preguntas de Julia, que será su abogada en el juicio.

—¿No te gusta mirar al pasado?
—No claro, yo miro hacia el futuro. (…) La muerte, igual que para ti. ¿O tú no piensas en la muerte?

A continuación, Ramón pasa a hablar de su antigua novia, donde se pone en evidencia que no quiere "atar a nadie" a cuidar de él, aunque esa otra persona le quiera sinceramente. A Ramón le pesa saber que es una carga:

—Un día soltó no sé qué tontería de que nos casáramos, y yo le dije, bueno, mira, vete de aquí y rehaz tu vida.
—Pero tú la querías?
—Esa no era la cuestión. La cuestión era si yo estaba dispuesto a amar en este estado.
—Me estás diciendo que te niegas a amar por…
—Porque no puedo amar[49], justamente, sí.

Más adelante, Julia interpela a Manuela, su cuñada y la que se ocupa de sus cuidados. En la respuesta de Manuela se intuye que ella quiere lo mejor para Ramón, y que le respeta en su decisión:

---

[49] Con esta frase, Ramón se refiere a la manifestación física del amor, independientemente de la dimensión más profunda y de la cual Ramón sí que es capaz de manifestar, porque no depende del cuerpo. De hecho, se enamora de Julia, y se imagina paseando con ella en la playa y dándole besos y caricias.

—¿Y tú qué opinas de todo esto?
(…)
—Lo que yo piense no importa. Para mí está muy claro. Es lo que él quiere.

En el minuto cuarenta y nueve, hay un diálogo especialmente interesante entre Julia, que también padece una enfermedad, en este caso degenerativa, y Gené, presidenta de DMD, en la que Julia le propone incorporarse a la organización.

—Julia, el miedo es un arma muy poderosa. El miedo no te deja libertad para decidir. (…)
—Se supone que vosotros apoyáis a la gente que busca el suicidio, ¿no?
—¡No!, ¿tú piensas que yo voy diciendo a todos los que tengan un problema, que lo mejor es que se quiten de en medio? No, nosotros lo que apoyamos es la libertad, de los que quieren morir, pero también de los que quieren vivir.

Al final de la conversación, Rosa le da a Julia una carta de Ramón, donde lee: «Pensé que solo alguien en tu estado podía comprender de verdad el mío y compartir mi infierno. Ahora sé que a veces vale la pena vivir en ese infierno si así se conoce a personas como tú. (…) Cuando uno depende de los demás para todo, acaba perdiendo su intimidad.» La carta de Ramón pone de manifiesto el amor que siente hacia Julia, y lo molesto que se siente por depender en todo de los demás, concretamente en las necesidades más básicas como es cambiarse de ropa, o su higiene personal. A eso se refiere cuando habla de la pérdida de intimidad.

Hacia el minuto cincuenta y seis, toda la familia de Ramón está viendo el telediario y sale la noticia de que su demanda ha sido rechazada por defecto de forma, y aparece un sacerdote tetrapléjico en la pantalla hablando sobre el caso de Ramón. La visión del sacerdote está estereotipada, aunque refleja un posible argumento contra la eutanasia, particularmente molesto para el entorno familiar de Sampedro:

—No sé, yo me pregunto, ¿No será que lo que Ramón está haciendo es reclamar de la sociedad, de todos nosotros, algún tipo de atención? Quizá porque a lo mejor la gente que le rodea, su familia, sus amigos, no saben, o no pueden darle el cariño o el apoyo que necesitan (…). ¿No será que, en definitiva, lo que Ramón está pidiendo es un poco más de amor? A mí me gustaría conocerle, sí. Me gustaría hablar con él y convencerle de que hay muchas razones para querer seguir viviendo.

A lo que su hermano responde dirigiéndose a Ramón:

—Ahora estarás contento, contento, ¿no? Toda tu familia humillada en la televisión. Sigue así hasta que se nos caiga la cara de vergüenza. (…) ¡Mientras yo siga vivo, en esta casa no se va a matar a nadie, lo oyes, a nadie!

Este sacerdote irá a casa de Ramón y tendrá un debate con él en contra de la eutanasia, también bastante ridiculizado, porque Ramón no permite que el sacerdote entre en la habitación, y el intercambio entre ambos se realiza a través de un acompañante del primero, que transmite las frases de uno a otro. En este diálogo salen argumentos como:

—[Sacerdote] Amigo Ramón, ¿No cree usted que lo demagógico es decir «muerte con dignidad»? ¿Por qué no se deja usted de eufemismos y lo dice así, simple y llanamente, «me quito la vida»?
—[Ramón] …teniendo en cuenta que la institución que usted representa, acepta a día de hoy la pena de muerte, y ha condenado durante siglos a la hoguera a los que no pensaban correctamente. (…) Eso es lo que hubieran hecho conmigo, ¿no? Quemarme vivo, quemarme por defender mi libertad.
—[Sacerdote] Una libertad que elimina la vida, no es libertad.
—[Ramón] … ¡Y una vida que elimina la libertad tampoco es vida!

Después de este diálogo, cuando el sacerdote se va a marchar de la vivienda, Manuela le dirige su reproche:

—Mire, salió usted dijo por la televisión que quizá la familia de Ramón no le daba suficiente cariño. Pues para que lo sepa, en esta casa no se dejó de querer a mi cuñado ni un solo día, que lo vengo cuidando yo desde hace muchísimos años, y lo quiero como a un hijo. Yo no sé cuál de ustedes dos tiene razón, y no sé si eso es verdad de que la vida le pertenece a Dios y que no es nuestra. Pero sí que le digo una cosa: usted tiene la boca muy grande.

En la siguiente escena, Rosa va a visitar a Ramón:

—¿Tú me ayudarías?

—Sí.

—No te asustes, lo tengo todo pensado para que nadie acabe en la cárcel. Solo me falta una persona, una persona valiente como tú.

—¡No! ¡Ayudarte a sanar, no a morir!

El padre de Ramón, hace un comentario en alto:

—Solo hay una cosa peor a que se te muera un hijo: que quiera morirse.

Con Julia en la habitación:

—Julia, mírate, mírame. ¿Dónde vamos Julia? Míranos.

—Tú que te crees, ¿que no pienso en lo que me ha pasado? (…) hasta quedarme como un vegetal. Así que he llegado a la conclusión: prefiero… voy a hacerlo, Ramón, voy a quitarme la vida. Pero antes, si tú quieres, mi amor, me gustaría ayudarte. Nos vamos juntos.

En el juicio, el defensor de Ramón, pareja de Gené, se dirige a los jueces con estas palabras:

—…de hecho, nadie que intente suicidarse y sobreviva es procesado después. Pero cuando, cuando se necesita la ayuda de otra persona para morir con dignidad, entonces el estado interfiere en la vida de cada persona y le dice que no puede disponer de su propia vida. Esto solo puede basarse en razones metafísicas, es decir, religiosas, en un estado, repito, que se declara laico.

Más tarde, Ramón pasea con Rosa:

—La persona que de verdad me ame será la que me ayude a morir. Esa es la verdad, Rosa.

En el minuto noventa y dos, Ramón recibe por mensajero el libro con sus escritos, *Cartas desde el infierno,* publicado gracias a Julia. Al recibirlo, Ramón siente una gran tristeza y sufre un ataque de ansiedad, durante el cual va repitiendo «¿por qué?, ¿por qué me quiero morir?»

Finalmente, y con ayuda de varios amigos, entre ellos Rosa, Ramón bebe cianuro mientras se graba y explica cómo lo había planeado todo. A cada uno de sus amigos le había encomendado una tarea concreta que en sí misma no suponía un acto contra su vida, y, por lo tanto, ninguna tarea podía ser considerada como acto delictivo, por lo que ningún tribunal pudo inculpar a nadie por haber ayudado a morir a Ramon Sampedro.

La película acaba con imágenes del mar, y la voz de Sampedro recitando uno de sus poemas:

> ### Mar adentro
> Mar adentro, mar adentro
> y en la ingravidez del fondo,
> donde se cumplen los sueños,
> se juntan dos voluntades,
> para cumplir un deseo.
>
> Un beso enciende la vida,
> con un relámpago y un trueno.
> Y en una metamorfosis
> mi cuerpo no es ya mi cuerpo.
> Es como penetrar al centro del universo.
>
> El abrazo más pueril
> y el más puro de los besos,
> hasta vernos reducidos
> en un único deseo.

Tu mirada y mi mirada
como un eco repitiendo, sin palabras
«más adentro», «más adentro»
Hasta el más allá del todo
por la sangre y por los huesos.

Pero me despierto siempre,
y siempre quiero estar muerto,
para seguir con mi boca
enredada en tus cabellos.

2.4.8. Análisis de los personajes

- Ramón Sampedro, tetrapléjico, es el protagonista y personaje principal de la cinta. Toda la historia gira en torno a él. Es muy inquieto intelectualmente y para él su vida no tiene sentido y por eso pide la eutanasia. Ramón encarna la enfermedad, la discapacidad, la vida «no digna», la falta de libertad y el sufrimiento. Por otro lado, representa la constancia, el sentido del humor ante una desgracia propia y el respeto por los que no piensan como él.
- Julia encarna la empatía, la tenacidad, la comprensión y el amor imposible. Su papel en la cinta es muy importante porque es a ella que Ramón le explica todos sus argumentos y sus inquietudes.
- Manuela está pendiente de Ramón en todo momento y desde hace muchos años. Manuela representa el cuidado, la atención, la paciencia y el respeto por las decisiones de Ramón. Es gracias a ella que la familia goza de equilibrio. Encarna la bondad y el cariño de una madre que vela por todos.
- Rosa representa la vida, las ganas de vivir a pesar de todo, el amor que ella ve posible con Ramón, y, en definitiva, el futuro, la esperanza. Es una mujer dolida por sus relaciones anteriores, pero

llega a ser más que una amiga para Ramón.

- José, hermano de Ramón, representa la tradición, el pensamiento más conservador, el trabajo duro, el esfuerzo y la abnegación. Tiene unas formas bruscas, pero se preocupa por su hermano.
- Gené, voluntaria de DMD, es la persona que apoya a Ramón en su decisión de morir. Un apoyo que se concreta tanto a nivel personal como a nivel jurídico en los tribunales. Considera que la batalla de Ramón es una batalla de toda la sociedad.

2.5. En contraste. Argumentos

Entre la obra *Ser y tiempo* de Heidegger, y la película *Mar adentro* de Amenábar, hay muchos puntos en común, si bien es cierto que cada uno llega a conclusiones diferentes partiendo de un mismo fenómeno. En este apartado se analizan los medios y el tipo de lenguaje de ambos, el significado con que cada uno utiliza términos como dignidad, angustia, cuidado, etc., la intención y finalidad de ambas obras y las conclusiones a las que llega cada uno.

2.5.1. Medios y lenguaje

Martin Heidegger utilizó la pluma y el papel como herramientas materiales para escribir su obra *Ser y tiempo*. El pensamiento plasmado en su obra parte de su conocimiento previo de metafísica. Partiendo de la realidad, del mundo, y de lo que existe, teoriza sobre qué es el ser humano, su relación con el mundo, y su finitud. Repiensa al hombre y su entorno. Para ello utiliza un lenguaje riguroso de tipo académico y filosófico, lleno de términos poco utilizados en la vida cotidiana, como *Dasein,* por ejemplo. *Ser y Tiempo* no es un texto de carácter divulgativo. La experiencia lectora no es fácil, sobre todo para aquel que no tenga nociones de filosofía ni de metafísica. El autor pone la mirada en el hombre en general, en la humanidad y en el mundo. Intenta entender el mundo desde fuera y se aleja de él para poder pensarlo. No habla ni de personas ni de lugares concretos. Con este texto, el autor llega principalmente a la cabeza del lector, a su inteligencia de la condición humana.

Alejandro Amenábar tiene a su disposición todo un abanico de posibilidades técnicas para crear su película. La imagen, el sonido, muy buenos actores, los diálogos y, en general, el lenguaje cinematográfico, se dirige principalmente a las emociones del espectador y, desde ellas, llega a los argumentos. Además, tiene una buena historia que contar. Amenábar no mira el mundo desde lejos. Se mete en la piel de un hombre real, con una historia concreta. Utiliza una serie de personajes para vestir su argumentación. El espectador entra en la subjetividad del protagonista y entiende su sufrimiento y sus motivaciones, empatizando con él. El lenguaje que utilizan los actores es un lenguaje muy escogido, claro, entendible, cercano y al alcance de todo el mundo. Es un lenguaje mucho más divulgativo que el texto de Heidegger. Los diálogos están muy cuidados para dirigir la opinión del espectador. Además, se apoya en imágenes y música que enriquecen la experiencia y potencian la historia. Sin embargo, utiliza algún término con falta de rigor, como se analiza más adelante.

En cuanto a aspectos como las herramientas, el tipo de soporte o el lenguaje, se puede concluir que ambas obras difieren totalmente, tanto en los medios como en sus objetivos. De ellos nos ocupamos en el siguiente apartado.

2.5.2. Dos formas de mirar lo mismo

Ambos autores tratan los mismos conceptos. En las dos obras se plasman el sufrimiento, la dignidad, el cuidado y la muerte. Pero lo hacen desde perspectivas diferentes.

En cuanto al sufrimiento y la angustia, para Heidegger forman parte de la existencia del hombre. A través de la angustia, el ser humano llega a entender mejor su paso por el mundo y su finitud. El ser como posibilidad implica que la existencia está abocada a la muerte. Desde su nacimiento, la existencia del hombre está abierta a esa posibilidad. A la posibilidad de morir. La angustia es un tema central en *Ser y tiempo*. En hombre la reconoce, la acepta (no le queda más remedio) y forma parte de la vida. Pero Heidegger habla de la angustia sin medirla. No tiene en cuenta la intensidad del sufrimiento ni cómo lo vive quien la padece. En *Ser y Tiempo* la angustia no tiene rostro. Tampoco plantea que se pueda escapar al dolor y a la angustia buscando directamente la muerte: en este sentido, el "ser-para-la-muerte" no se plantea como un ser que pueda querer la eutanasia. La muerte es un extremo inevitable de la existencia, no algo a desear por sí mismo.

Por el contrario, en la película *Mar adentro* no se teoriza sobre el sufrimiento, sino que el espectador puede ver a la persona que sufre, al ser doliente que convive con la enfermedad y la limitación durante muchos años y que está ya cansado de vivir así. Plasma a alguien que padece una enfermedad que no tiene remedio y que le aboca a vivir encarcelado en su propio cuerpo y a depender para todo de los demás. Aunque no sienta un dolor físico, el protagonista experimenta un sufrimiento profundo hasta el punto de pedir la muerte. El momento más desgarrador de la cinta, es cuando Ramón Sampedro vuela con su imaginación y se manifiestan sus fantasías, sus deseos más íntimos. «He aquí que aparece el *Dasein* lleno de afecciones fundamentales, tales como la angustia, la monotonía, el tedio, el aburrimiento, (…). En la escena representada por Amenábar, Ramón comienza a volar vertiginosamente, sustrayéndose a su estado vegetativo al reunir en un instante poesía, vivencias, esperando vivir cosas extraordinarias, de las cuales Heidegger, siguiendo a Nietzsche señaló que "un filósofo es un hombre que vive, ve, oye, sospecha, espera y sueña cosas constantemente extraordinarias"[50]»[51]. En *Mar adentro* no se percibe la aceptación de la enfermedad por parte del protagonista. Y el espectador capta la relación de Ramón con él mismo: lo dice en sus diálogos, y lo muestra en sus ensoñaciones.

En definitiva, Heidegger estudia la angustia desde la perspectiva teórica, y Amenábar nos acerca a la persona que la padece y a su subjetividad.

En cuanto al cuidado, Heidegger se centra en el cuidado como la manifestación y la forma que tiene el *Dasein* de estar en el mundo. Es la manera con la que el *Dasein* se relaciona con las cosas y con los demás. Implica el cuidado de la propia posibilidad y de la propia limitación, pero también la del resto de personas. Mediante el cuidado, el *Dasein* entiende su propia temporalidad y de esta manera le puede dar sentido a su vida. Así se da cuenta de que está abocado a la muerte, que está en constante cambio y se asegura una vida plena en la medida de sus posibilidades. Y el cuidado se entiende como una red de relaciones que se tejen durante la vida cuando el hombre asume su responsabilidad como ser social. Pero Heidegger, como filósofo que es, se queda en el plano teórico del cuidado y lo analiza desde la perspectiva del cuidador. No entra en la percepción ni en el sentimiento de la persona que está limitada y necesita estos cuidados.

En la película *Mar adentro* el cuidado también tiene un protagonismo interesante. Lo encarna principalmente Manuela, la cuñada de Ramón, que se desvive por sus cuidados y necesidades materiales, pero también por su bienestar emocional y psicológico. Además de Manuela, toda la familia está volcada en Ramón. También recibe visitas de sus amigos y de Rosa. Se puede afirmar que el protagonista está bien cuidado y atendido, pese a perder su intimidad, pero, sin embargo, no está bien, no se siente bien. Amenábar pone el foco también en quien recibe

---

[50] Heidegger, Martin. *Introducción a la metafísica* (Barcelona, Gedisa Editorial, 2001), 21.
[51] Juan Carlos Rauld Farias. "*Mar adentro* y la comprensión del ser", *CENRT*, (2021): 2.

estos cuidados y queda patente que todo el desvelo de su familia no es suficiente, porque para el paciente es una carga saber que la vida de la demás gira a su alrededor, añadida a la pérdida de autonomía.

En cuanto a la dignidad, Heidegger no hace una mención explícita a este término. Aun así, la dignidad es un concepto fundamental en su obra. Heidegger se pregunta por el ser, y define al *Dasein* como ese ente diferente al resto de entes que existen, con una primacía sobre el resto. Un ente superior que destaca por encima de los demás. Un ser capaz de comprenderse a sí mismo y a los demás entes, arrojado al mundo, consciente de su temporalidad y de su finitud. Es en la cuestión del *Dasein* donde Heidegger, sin nombrarla, apela a esa dignidad propia del ser humano, y que radica en el hecho de ser hombre, de ser persona: la dignidad ontológica propia de la persona, de cualquier persona y cuyo sentido existencial es el cuidado. Para Heidegger, la muerte es una parte integral de la vida, el hombre es un ser para la muerte y la conciencia de su final con la muerte lo coloca delante de la nada y le ayuda a entender o a tomar conciencia del valor de la vida, a vivir con autenticidad. La vida toma un significado más auténtico, más profundo. En la posibilidad de una vida auténtica entraría el concepto de dignidad moral.

En cuanto a la película, Amenábar hace referencia al vocablo dignidad en muchas ocasiones, pero no la utiliza en la misma dirección: le cambia el sentido y le quita valor. Para Ramón Sampedro, su vida no es digna: no es autónomo físicamente, y depende para todo de los demás. Su vida transcurre dentro de una habitación. No tiene libertad. Su enfermedad le hace incluso incapaz de amar (de amar con el cuerpo, de manifestar su amor a otra persona de manera física), aunque este extremo es paradójico, ya que Rosa y Julia se enamoran de él. Todo ello es lo que le genera un gran sufrimiento y frustración. Para él su vida no tiene sentido y por eso no tiene o no goza de una vida digna. Aquí, la grandeza del término dignidad queda diluida, se empequeñece. Porque la dignidad no depende del estado físico o mental de la persona, sino que la misma palabra persona lleva implícita el concepto de dignidad. Y la vida digna no es aquélla más productiva, más útil, o más autónoma, sino que una persona lleva una vida digna cuando sus decisiones libres le acercan a su fin. Atendiendo a la amplitud del concepto dignidad, uno puede hacerse la pregunta: ¿hay alguna vida más digna que las demás? O ¿Hay alguna vida que no merezca la pena ser vivida? Y en este último caso, ¿Quién tiene la autoridad para decidir acerca de la dignidad de una vida concreta? Sin embargo, para Sampedro la vida es un infierno del que no puede escapar sin la ayuda de alguien que le ayude a morir. Para él, sólo la muerte es una liberación. Ramón desprecia como "migajas" esos aspectos que podrían aliviar su encierro, como la silla de ruedas. Por eso la llama muerte digna; porque libera del sufrimiento. Pero en realidad, la dignidad se encuentra en el ser, no en la muerte. No puede existir una muerte más digna que otra.

En conclusión, ambas obras tienen en cuenta la dignidad, el sufrimiento, la angustia y el cuidado. Ambas miran la muerte de frente, sin miedo, sin negarla y sin renegar de ella. Pero Heidegger, sin perder de vista el sufrimiento, se centra en el cuidado y en el sentido de la vida. Para Heidegger, la muerte es posibilidad. Cuando acuña el término ser-para-la-muerte, Heidegger no se refiere, ni mucho menos, al intento de realizarla, al suicidio. Tampoco se refiere a una espera. Para él significa comprender la imposibilidad de la existencia permanente. Pero esa comprensión lleva consigo la angustia propia que el hombre siente ante la nada, ante el final. Por el contrario, para Amenábar, a pesar de la importancia que tiene el cuidado, en la película pone el foco en el sufrimiento del hombre. Un sufrimiento que vacía de sentido la vida del ser humano. Por lo tanto, la muerte libera al hombre de este sufrimiento: de esta manera se justifica la eutanasia.

2.6. Otras películas que abordan el suicidio asistido

A lo largo de la historia del cine, son muchas las películas que abordan el tema de la enfermedad, del sufrimiento y de la eutanasia.

A continuación, se exponen tres ejemplos cinematográficos cuyo argumento se dirige en este sentido.

2.6.1. Million Dolar Baby *(2004)*

Película dirigida, producida y protagonizada por Clint Eastwood. Obtuvo muchos premios, entre los que destacan cuatro Oscars a mejor película, mejor actriz, mejor director y mejor actor secundario. Narra la historia de un veterano boxeador que regenta un gimnasio. Un día aparece una chica, Maggie, que desea entrenar boxeo. En un primer momento el entrenador la rechaza alegando que no entrena a chicas, pero la constancia y tenacidad de ella doblegan al entrenador, que acaba presentándola a torneos de boxeo. Maggie empieza a alcanzar su sueño, pero en un combate cae, dándose un gran golpe en la cabeza, lo que provoca la parálisis de todo su cuerpo. Se queda postrada en una cama y dependiendo de respiración asistida. El entrenador, consternado, acaba por desconectarla de la máquina que le permite respirar. El entrenador actúa por iniciativa propia, pero con el consentimiento de Maggie, que con la mirada asiente ante la pregunta del entrenador. La película trata temas como la lucha por un sueño, la constancia, el trabajo y la competitividad, pero la segunda mitad de la cinta trata el tema del dolor, el sufrimiento del enfermo y de su entorno más próximo, y de la eutanasia como modo de liberar al enfermo del sufrimiento extremo. La película aboga por terminar con la vida para terminar con el sufrimiento del enfermo cuando este ya no puede más, y cuando ya ha cumplido sus sueños.

2.6.2. You Don't Know Jack *(2010)*

Dirigida por Barry Levinson, *You don't know Jack* obtuvo quince nominaciones a los premios de la Academia, y dos Emmys (mejor guion y mejor actor). Basada en una historia real ocurrida en Estados Unidos, trata de un médico jubilado, Jack, que se dedica a facilitar la muerte a personas que se lo piden. Lo hace con ayuda de su hermana y de algún colega de profesión. En alguna ocasión, el paciente no está en estado terminal, ni padece sufrimiento extremo, sino que solicita la eutanasia porque sufre alguna enfermedad degenerativa i sabe que en un futuro sufrirá, y quiere que le recuerden sano, con todas sus facultades. Aunque Jack intenta no dejar rastro, la policía monta un sistema de persecución cuando le llega la noticia de alguna muerte. En alguna ocasión, el médico se encuentra con situaciones no deseadas, fruto de la improvisación, como, por ejemplo, un paciente que durante los preparativos de su muerte se arrepiente y empieza a gritar. A pesar de todo, Jack está convencido de que su intervención alivia y ayuda a morir, evitando sufrimientos innecesarios. Como posicionamiento de fondo, la narración pretende justificar la eutanasia a partir del sentimiento de la compasión, y del convencimiento de hacer lo que, como médico, tiene el deber de hacer: evitar el sufrimiento del enfermo. Jack manifiesta que actúa según el dictamen de su conciencia.

2.6.3. Intocable *(2011)*

De producción francesa y codirigida por Olivier Nakache y Eric Toledano, *Intocable* fue una cinta también muy premiada, con un premio Goya a la mejor película europea, nominada a los Globos de Oro, 4 nominaciones a los premios de Cine Europeo, etc. El protagonista, Philippe, pertenece a la alta sociedad de Francia, y vive en su mansión de París. Está paralítico debido a un accidente de parapente, y depende del servicio para todo. Se desplaza en silla de ruedas. Driss entrará a formar parte del servicio y su trabajo consistirá en atender personalmente a Philippe. Driss es hijo de una familia de inmigrantes y vive en un barrio muy marginal a las afueras de París. Esto generará mucha desconfianza en el resto del servicio. Philippe no busca la compasión de nadie, y Driss sabe atenderlo y cuidarlo, pero a la vez, le ayuda a poder disfrutar de la vida a pesar de su incapacidad. Driss no le trata con condescendencia y esto complace a Philippe, cansado de miradas compasivas. Entre Philippe y Driss se establecerá un vínculo personal, más allá de la relación laboral. La película trata temas como el buen humor, el valor de la vida y su disfrute, la ilusión, y la importancia de la amistad. Implícitamente se ve la aceptación por parte del enfermo de su condición de discapacitado, y acepta los cuidados y atenciones con buen humor. Esta película no aborda el tema de la eutanasia de una manera directa porque la aceptación de la enfermedad y el intentar disfrutar de la vida en la medida en que se puede, hacen que el protagonista discapacitado no se lo plantee. *Intocable* da pistas sobre la manera de afrontar una discapacidad como la de Sampedro y la posibilidad de llevar una vida plena, aunque alguien pudiera acabar pensando que eso se debe a la capacidad económica del protagonista. Lleva a plantear además si la sociedad puede ofrecer recursos que ayuden a los enfermos crónicos a encontrar alivio a la enfermedad, también cuando no disponen de recursos económicos propios abundantes.

3. CONCLUSIONES

Este Trabajo Fin de Grado destaca las similitudes y diferencias entre una obra filosófica y una obra cinematográfica. Todas las conclusiones que se han plasmado en este trabajo van encaminadas a reflexionar sobre la incidencia de la filosofía en la vida práctica y la importancia del lenguaje que se utiliza a la hora de expresar una idea. En cuanto a esta última cuestión, el caso de la muerte digna ha quedado fijado en el vocabulario popular relacionándose directamente con la eutanasia, sin tener en cuenta qué es exactamente la dignidad, y excluyendo la dignidad de la muerte natural o de cualquier otro tipo de muerte.

La manera de pensar de un artista se plasma en su creación, y, al mismo tiempo, su obra incide y puede influir directa o indirectamente en la manera de pensar de mucha gente, abriendo debates de corte ético en la sociedad. Es lo que ocurrió cuando salió a la luz la película *Mar adentro.* Al tratarse de una película de cine de autor, la mirada del director se intuye y se refleja en toda la cinta, y pone el foco en la incapacidad y en el sufrimiento: dos cuestiones que, según el protagonista, despojan de sentido la vida, le quitan valor, porque el individuo pierde autonomía y libertad. Como consecuencia, el autor concluye que la muerte, procurada activamente con ayuda de otro, puede ser la salida más digna para aquellas personas que no encuentran sentido a su existencia. Aunque, por otro lado, el caso de Julia, que finalmente decide seguir viviendo, y no se le juzga por ello, nos acerca a pensar que el autor defiende las dos posturas.

Por otro lado, Heidegger analizó en su obra la existencia del ser humano en el mundo, y vio en el sufrimiento y en la angustia la oportunidad del cuidado como una manera de dotar de sentido la vida del hombre, un ser que cuando es consciente de su finitud, puede llevar una vida plena y llena de sentido. La proximidad de la muerte, para Heidegger, está lejos de ser una situación sinsentido; al contrario, es un momento que nos aterra, pero en el que culmina el conjunto de la vida.

Quizás la diferencia más destacable entre *Ser y tiempo* y *Mar adentro* es el lugar donde cada autor pone el foco. Heidegger, sin despreciar el sufrimiento, pone su atención en el cuidado. Amenábar, sin despreciar el cuidado, pone el foco en el sufrimiento.

En cuanto a los objetivos que se establecieron al inicio de este Trabajo fin de Grado, todos ellos se han ido cumpliendo de una manera rigurosa, respetando la estructura inicial prevista y analizando todas las cuestiones planteadas.

1. Se ha hecho una exposición del pensamiento de Martin Heidegger en su obra *Ser y tiempo*, analizando los conceptos más importantes de su metafísica, como son, el *Dasein*, su manera de estar en el mundo o su mundicidad. También se ha desgranado el significado de angustia, el cuidado y su importancia, que se derivan de su condición social, y el *Dasein* como "ser para la muerte" y la existencia auténtica.

2. Se ha profundizado sobre el dolor y el sufrimiento en la vida humana, y sobre la persona concreta que lo padece, el ser sufriente, recogiendo estos conceptos en las influencias generadas: pensadores posteriores a Heidegger que repensaron la vida del ser humano y su entorno, como son Victoria Camps en su obra *Tiempo de cuidados* o Ricardo Yepes y Javier Aranguren en su obra *Fundamentos de Antropología*. Dos obras que dan una gran importancia al cuidado.

3. Se ha clarificado el concepto de dignidad humana, profundizando en la dignidad ontológica y en la dignidad moral. Y se ha hecho

una distinción entre lo que realmente es la vida digna, desvinculándola de la autonomía, la utilidad y la productividad. Para profundizar sobre la dignidad del hombre, se ha recurrido a autores como Picco della Mirandola y Tomás Melendo.

4. Se ha analizado la película *Mar adentro* en todos sus aspectos, como son: los códigos visuales, los códigos sonoros, y los códigos sintácticos. También se han enumerado los temas que aborda la película, y el papel de cada personaje. En cuanto a los diálogos, se han reproducido aquellos diálogos más relevantes que giran en torno a los temas que hemos analizado, como el cuidado, la dignidad, el sufrimiento y la muerte.

5. Se han contrastado ambos pensamientos, estableciendo las similitudes y las diferencias que existen entre las dos obras, y se han analizado el lenguaje y el método utilizado por cada uno. También se ha contrastado la intención de cada autor y su centro de interés, así como las conclusiones de cada obra.

6. Y, por último, se han buscado otras películas que hablan del sufrimiento, la enfermedad y la incapacidad. En alguna de ellas se apunta a la eutanasia como solución, y en alguna otra no se plantea la eutanasia, sino que se acepta la discapacidad.

Como síntesis de todo lo expuesto, cabe una reflexión profunda de toda la sociedad encaminada al apoyo de la vulnerabilidad y del sufrimiento, a partir de la compresión del ser humano en toda su dignidad.

4. Limitaciones

La primera limitación para la realización de este trabajo ha sido la diferencia en el tipo de obra a contrastar. *Ser y tiempo* es una obra filosófica, y *Mar adentro* es una obra cinematográfica. Se ha partido de dos obras y de dos autores cuyos objetivos son completamente distintos. Un filósofo trata de entender el mundo tal y como es, mientras que un artista plasma en su obra su punto de vista, su propia visión del mundo, con una mirada mucho más emocional. En este sentido, Heidegger hace una aproximación al ser humano con una mirada objetiva. Sin embargo, Amenábar nos dirige hacia la muerte como solución, porque enfoca todos los argumentos hacia lo que piensa Sampedro. ¿Qué hubiera pasado si durante toda la cinta se hubiera argumentado el pensamiento de Manuela, su cuidadora, o el de José, su hermano? Sin lugar a duda el espectador hubiera absorbido un mensaje totalmente distinto, con otras conclusiones muy alejadas de la eutanasia. Existe un número limitado de obras que se pueden analizar en profundidad, y se ha seleccionado una narrativa especialmente significativa en el planteamiento del problema del "ser para la muerte" en la cultura española de los últimos años.

Otra limitación ha sido la imposibilidad de analizar los factores psicológicos que apoyan la decisión de un enfermo cuando pide morir y acabar con su sufrimiento, como, por ejemplo, una posible depresión. Esto forma parte de otra ciencia, la psicología. Este estudio está centrado en la reflexión filosófica propia de las humanidades. Sin embargo, hay que tener en cuenta que no todos los enfermos terminales ni los discapacitados piden la eutanasia. Todo lo contrario, muchos de ellos, la gran mayoría, no han perdido las ganas de vivir. Y, por tanto, los factores como la educación, el entorno y el estado psicológico de la persona que sufre también son muy importantes. Por el mismo motivo, este trabajo no profundiza sobre dónde queda la voluntad del enfermo y en qué lugar enmarcar el respeto a su decisión. Cuando una persona pide morir, se presentan muchos dilemas en su entorno más próximo, como la familia, sus amigos o su médico. «*Mar adentro*, digo, nos enfrenta con un problema moral genuino porque nos muestra dos instituciones básicas contrapuestas: el deber de respetar la libertad individual, en este caso la libertad del que quiere morir, frente al deber de seguir viviendo a toda costa o frente al deber de impedir que los demás se quiten la vida»[52].

En cuanto al tema del cuidado, no se ha valorado en profundidad el papel que desempeña la sociedad en cuanto tal. Pensadores como Victoria Camps han escrito mucho sobre el cuidado y la necesidad de que la sociedad se implique. No todos los enfermos tienen familia, ni todas las familias tienen la misma capacidad ni los mismos medios para dedicarse a un enfermo. Pero para diseñar políticas del cuidado, habría que analizar cada caso concreto, para poder llegar allá donde el particular no llega. Esta cuestión formaría parte también de otra ciencia, la sociología y su estudio requiere de una gran cantidad de espacio, por lo que era imposible abordarla en los límites de este trabajo. También sería importante concienciar sobre el cuidado del cuidador, que es una figura clave en el bienestar del enfermo pero que muchas veces deja su vida al margen para poder cuidar. Esta idea se refiere sobre todo a aquellos cuidadores no profesionales, los que forman parte del núcleo familiar y que se dedican por completo a cuidar a un familiar, en muchos casos un familiar directo. Es el caso de Manuela en *Mar adentro*. En todo caso, esta cuestión queda abierta a futuras investigaciones.

---

[52] Ricardo García Manrique, «*Mar Adentro*: la Eutanasia para todos los públicos» *Revista de Bioética y Derecho*, no. 2 (2005):11. https://www.redalyc.org/articulo.oa?id=78339701004

5. Prospectiva

A pesar de las limitaciones mencionadas anteriormente, este trabajo se propone reabrir el debate sobre la eutanasia, poniendo en valor la dignidad del ser humano y la importancia del cuidado para humanizar la sociedad.

En Europa se está viviendo un invierno demográfico sin precedentes. Muchas son las causas que motivan la falta de nacimientos, un hecho que da lugar al envejecimiento de la población con gran rapidez. La sociedad se debe preparar para este hecho, que ya actualmente se está produciendo. La incapacidad abre muchos frentes, uno de ellos es la bioética, aunque en gran parte también se abre a la importancia de la educación. «Nos han educado, mejor o peor, para vivir la vida característica de un ser adulto con todas sus facultades en juego. No nos han educado para enfrentarnos a la decadencia y a las limitaciones que trae consigo el paso de los años. Cada cual puede abordar su vejez de dos maneras: viéndola sólo como un problema, causa de angustias y de desesperación, o viéndola como la oportunidad de vivir de otra forma, de sacar el máximo partido de las propias capacidades»[53].

Sería interesante abrir una línea de investigación partiendo de la bioética, en un análisis interdisciplinar que también tuviera en cuenta a los trabajadores de la salud. Heidegger no habla de bioética en ningún momento, pero en su pensamiento se intuye el camino que debería seguir esta disciplina, como, por ejemplo, la obligación de los

---

[53] Victoria Camps. "La vejez como oportunidad", *Monografías humanitas,* volumen 1 (2004): 99.

profesionales de la salud a actuar siempre en beneficio del paciente, o el acceso universal a los medios necesarios para que una persona enferma pueda estar bien cuidada, sea en su casa rodeado de su familia, o en un centro con atención profesional, y su derecho a decidir dónde quiere estar atendido. Es importante disponer de una bioética bien definida que sirva de guía para el profesional del cuidado y para las familias, en la que se atienda al enfermo y su entorno, teniendo en cuenta la persona en toda su dimensión y en toda su dignidad.

Por otro lado, cada vez más, la técnica irrumpe en la vida del ser humano y en los momentos más relevantes de su vida. En el siglo XXI, las relaciones interpersonales se están sustituyendo por relaciones a través de aparatos electrónicos, y los momentos cruciales en la vida del hombre, como son el nacimiento, la enfermedad y la muerte, se mecanizan cada día más. Después de la pandemia del Covid-19, la propia atención médica se ha tecnificado mucho más, con consultas telefónicas o por videollamada, que puede difuminar el trato humano entre ambos. Cabe repensar el impacto de lo técnico frente a lo humano, en una línea de investigación que ayude a humanizar las relaciones, y en general, el conjunto de la sociedad. Y determinar qué papel juegan la cultura, la filosofía y la educación para equilibrar la balanza.

Por último, Martín Heidegger consideró la poesía como la manera que tiene el ser de desvelarse, y le dio mucha importancia al lenguaje poético. «Como destino que destina la verdad, el ser permanece oculto. Pero el destino del mundo se anuncia en la poesía, sin haberse revelado todavía en la historia del ser»[54]. A partir de su pensamiento, se puede abrir un estudio sobre el lenguaje poético de Ramón Sampedro, analizando el tipo de lenguaje, su visión del mundo y el sentido profundo de sus escritos.

---

[54] Martin Heidegger. *Carta sobre el humanismo.* (Madrid: Alianza Editorial, S. A., 2006), 52.

6. Referencias bibliográficas

Abbagnano Nicolás. *Historia de la filosofía. Vol III.* Barcelona: Hora, 1994.

Aida Martín Rodríguez. *Promoción cultural, una nueva mirada. Selección de lecturas.* La Habana, Cuba, 2010.

Ayllón Vega, José Ramón. *Filosofía mínima.* Barcelona: Editorial Ariel, 2003.

Azcárate, Patricio. Política, *Obras filosóficas de Aristóteles.* Madrid: Imprenta de la Biblioteca de instrucción y Recreo, 1873-1875.

Cabrera, Julio. «Eutanasia poética. Reflexiones sobre cine y filosofía. The Unbearable Lightness of Being | Philip Kaufman | 1988». *Ética y Cine,* nº 2 (2013): 11-19. https://revistas.unc.edu.ar/index.php/eticaycine/article/view/5605/6081

Camps, Victoria. «La vejez como oportunidad». *Monografías humanitas,* volumen 1 (2004): 99-105.

Camps, Victoria. *Tiempo de cuidados. Otra forma de estar en el mundo.* Barcelona: Arpa & Alfil Editores, S.L., 2021. Edición Kindle.

Farias, Juan Carlos Rauld. «Mar adentro y la comprensión del ser». *CENRT* (2021): 1-5. C:/Users/User/Downloads/Mar_Adentro_y_la_comprension_del_ser.pdf

García Guardia, María Luisa y Tania Menéndez Hevia. «Mímesis en el paradigma del llamado "cine contemporáneo" y la narración hipermedia». *Revista de comunicación y nuevas tecnologías,* nº 8. (2006): 87-98. https://icono14.net/ojs/index.php/icono14/article/view/389/265

García Manrique, Ricardo. «*Mar Adentro*: la Eutanasia para todos los públicos». *Revista de Bioética y Derecho*, no. 2 (2005): 11-15. https://www.redalyc.org/articulo.oa?id=78339701004

Heidegger, Martin. *Ser y tiempo*. Santiago de Chile: Editorial Universitaria, 1997.

Heidegger, Martin. *Carta sobre el humanismo*. Madrid: Alianza Editorial, S. A., 2006.

Melendo Granados, Tomás. «La singularidad personal». Curso breve de Antropología filosófica, vídeo, 56:10, 6 de agosto de 2020. https://www.youtube.com/watch?v=7cAVXzMeoks

Melendo Granados, Tomas. «La dignidad personal». *Institut d´Estudis Superiors de la Família*. Universitat Internacional de Catalunya. T3: 1-44.

Ministerio de Sanidad. Gobierno de España. www.sanidad.gob.es Fecha de acceso tres de marzo de 2023. https://www.sanidad.gob.es/eutanasia/ciudadania/informacionBasica.htm#1

Pardo, Alejandro. «Cine y sociedad en David Putnam». *Comunicación y sociedad* Vol. XI, nº 2 (1998): 53-90. https://dadun.unav.edu/handle/10171/8821

Pico della Mirandola, Giovanni. «Discurso sobre la dignidad del hombre». *Revista digital universitaria* volumen 11, nº11 (2010): 1-6. https://www.ru.tic.unam.mx/bitstream/handle/123456789/1818/art102_2010.pdf?sequence=1&isAllowed=y

SWI. «swissinfo». www.swissinfo.ch. Fecha de consulta tres de marzo de 2023. https://www.swissinfo.ch/spa/afp/las-diversas-legislaciones-en-europa-sobre-la-eutanasia/46459024

Vianney Trujillo, Alberto. «El hombre es un ser social». *Revista Unimar*, núm 56 (2010): 47-51. https://revistas.umariana.edu.co/index.php/unimar/article/view/199/176

Weber, H. R., & Udías, G. H. *Experimentos con el hombre*. (Editorial Sal Terrae, 1973). Citado en Carlos Javier Lizcano Chapeta, Diego Xavier Chamorro Valencia y Miriam Janneth Pantoja Burbano, «Enfoque jurídico y social de la eutanasia, ¿Derecho a morir dignamente?», *Scielo. Dilemas contemporáneos*, nº 9 (2021), https://www.scielo.org.mx/scielo.php?script=sci_arttext&pid=S2007-78902021000800098#B11

Yepes Stork, Ricardo y Javier Aranguren Echevarría. *Fundamentos de Antropología. Un ideal de la excelencia humana.* España: Eunsa, 1996.

Published
in February
2024

Faber & Sapiens